信息化背景下
大学英语教学的发展与创新研究

串 玲 ◎ 著

吉林出版集团股份有限公司

图书在版编目（CIP）数据

信息化背景下大学英语教学的发展与创新研究 / 串玲著. — 长春：吉林出版集团股份有限公司，2024.4
ISBN 978-7-5731-4698-4

Ⅰ．①信… Ⅱ．①串… Ⅲ．①英语—教学研究—高等学校 Ⅳ．①H319.3

中国国家版本馆CIP数据核字（2024）第059614号

信息化背景下大学英语教学的发展与创新研究
XINXIHUA BEIJINGXIA DAXUE YINGYU JIAOXUE DE FAZHAN YU CHUANGXIN YANJIU

著　　者	串　玲
责任编辑	曲珊珊
封面设计	林　吉
开　　本	710mm×1000mm　　1/16
字　　数	220 千
印　　张	13
版　　次	2024 年 4 月第 1 版
印　　次	2024 年 4 月第 1 次印刷

出版发行　吉林出版集团股份有限公司

电　　话　总编办：010-63109269
　　　　　　发行部：010-63109269

印　　刷　廊坊市广阳区九洲印刷厂

ISBN 978-7-5731-4698-4　　　　　　　　　　定价：78.00 元

版权所有　侵权必究

前　言

在教育信息化背景下，大学英语教学进行了努力尝试与革新，基本的教学模式主要经历了计算机辅助大学英语教学、网络架构的大学英语自主学习平台、信息技术与大学英语课程深度融合三个发展阶段。但是，从高等教育国际化需求和互联网发展趋势看，我国的大学英语教学改革和教育信息化发展仍有较大的空间，还有一些关键环节亟待解决。例如，优质师资的有限性和高校其他办学条件滞后于培养规模的扩张；基于网络的大学英语学习平台需要一定的软硬件环境，如何合理配置计算机、学生、教师、实验人员等，使有限的资源得到充分利用，需要在实践中不断调整创新。本书立足于信息化背景，对大学英语教学改革进行了全方位的解读和研究。

在诸如手机应用软件、线上教学平台、云计算、人工智能等现代信息技术的帮助下，英语信息化教学能够起到优化教学模式、多元化教学媒体、情境化学习环境、趣味化学习过程、多样化评价方式等作用。正因为信息技术能在英语教学中发挥巨大的作用，所以它也对高校英语教师提出了全新的要求，要求教师不仅要树立正确的英语学科教学理念、具备信息技术的理论知识和操作技能，还要在实践中不断摸索高校英语教学与信息技术的契合之处，从根本上发挥信息技术在大学英语教学的优势和作用。

笔者借助互联网等工具查阅了大量的文献资料，同时也参考了学科专家的理论和实践研究完成此书稿,但由于笔者学术水平有限,书中疏漏之处在所难免,敬请读者朋友批评指正。

串 玲

2024年1月

目　录

第一章　信息技术与信息化教学 …………………………………… 1
　　第一节　信息技术概述 ……………………………………………… 1
　　第二节　信息技术在教育中的应用 ………………………………… 13
　　第三节　信息化教学的定义与有效性分析 ………………………… 22

第二章　信息化背景下大学英语教学的研究背景 ………………… 40
　　第一节　信息技术的发展 …………………………………………… 40
　　第二节　数字化时代的到来 ………………………………………… 43
　　第三节　信息技术与大学英语教学的融合发展 …………………… 57
　　第四节　信息技术在大学英语教学中的作用 ……………………… 60

第三章　大学英语教学中多媒体应用实践 ………………………… 79
　　第一节　媒体与多媒体 ……………………………………………… 79
　　第二节　多媒体辅助英语教学 ……………………………………… 93
　　第三节　多媒体辅助英语教学的实践 ……………………………… 106

第四章　互联网教育资源与英语网络教学实践 …………………… 114
　　第一节　互联网教育资源的特点 …………………………………… 114
　　第二节　互联网教育资源的获取 …………………………………… 117
　　第三节　网络课程教学概述 ………………………………………… 119
　　第四节　英语网络课程建设 ………………………………………… 127
　　第五节　信息技术与英语课程整合 ………………………………… 137

第五章 信息化背景下的大学英语教学模式构建 …… 157

第一节 现代信息技术下大学英语教学模式的理论框架 …… 157

第二节 信息化背景下大学英语教学模式构建路径 …… 166

第三节 信息技术下大学英语教学模式创新 …… 176

第四节 信息化大学英语教学平台的创建 …… 193

参考文献 …… 200

第一章 信息技术与信息化教学

第一节 信息技术概述

一、信息技术的内涵

"信息技术"这一术语的含义十分广泛,并且处于不断发展演变之中,因此很难给出一个确切的定义。为了方便研究和使用,研究者根据自身对信息技术的理解给出了不同的定义。目前已有的资料显示,国内和国外的学者对信息技术的定义大致可分为"描述性定义"和"功能性定义"两种。"描述性定义"主要是站在信息技术具体形式的角度来论述信息技术的定义。这类定义主要是观察信息技术的外在表现形式,较为具体形象,容易理解,其不足之处是不够准确。"功能性定义"注重的是阐明信息技术的内在本质或根本作用,其与信息技术可能呈现或利用的物质或能量的具体形式无关。"功能性定义"中比较有代表性的有以下几种:

1. 信息技术以信息的输入、存储、加工和传递为主要内容,致力于用微处理机代替电子机械设备。

2. 信息技术是关于信息的收集、加工、存储、检索、传递、利用的理论和方法的总称。

3. 信息技术是以微电子学为基础，计算机技术和电信技术相结合而形成的技术手段，是对声音、图像、文字、数字和各种传感信号的信息进行获取、加工、处理、存储、传播和使用的能动技术。

4. 信息技术一般指在计算机和通信技术的支持下，用以采集、存储、处理、传递、显示各种介质信息的技术的总称。

5. 信息技术指在计算机和通信技术的支持下，用来获取、加工、存储、转换、显示和传输文字、数值、图像、视频、声频以及声音信息，包括提供设备和信息服务的技术方法和设备的总称。

6. 信息技术指关于信息的产生、识别、提取、变换、存储、传递、处理、检索、分析、决策、控制和利用的技术。

7. 信息技术指一个信息系统在采集、输入、描述、存储、处理、输出和传递信息的过程中所用到的相关技术的总和。

8. 信息技术是管理、开发和利用信息资源的有关方法、手段和操作程序。

9. 信息技术指人们在生产斗争、科学实验以及认识自然和改造自然的过程中积累起来的获取信息、传递信息、存储信息、处理信息以及使信息标准化的经验、知识、技能和体现这些经验、知识、技能的劳动资料有目的的结合过程。

10. 信息技术是能延长或扩展人的信息能力的技术。

以上对信息技术的定义虽然在表述形式上不同，但在实质上没有较大差别，都是从功能方面揭示信息技术的本质。

二、信息技术的分类

从不同的角度对信息技术进行划分，常见的划分标准有如下几种：

1. 根据信息技术是否有实物的表示形式而将其分为"硬"信息技术和"软"信息技术两大类。"硬"信息技术如同计算机硬件一样，是已经转化成具体信息设备的信息技术，如复印机、电话机、数码相机、电子计算机和通信卫星等；"软"信息技术类似计算机软件，是人类在长期信息活动中积累并形成的有关信息采集、处理、检索等的经验、知识、方法与技能，如语言、文字、信息调查技术、信息组织技术、统计技术、预测与决策技术和信息标准化技术等。

2. 根据信息技术组成的基本元素可以将其分为感测技术、通信技术、智能技术及控制技术。（1）感测技术：包括传感技术和测量技术。它是人类感觉器官功能的延伸，使人们可以更好地从外部世界提取有用的信息。（2）通信技术：包括信息的空间传递和时间传递技术。它是人类传导神经系统传递功能的延伸。（3）智能技术：包括计算机硬件技术、计算机软件技术、人工智能技术和人工神经网络技术等。它是人类思维器官功能的延伸，其目的是更好地处理和再生信息。（4）控制技术：包括调节技术和自动控制技术。它是效应器官功能的扩展和延长，其功能是根据输入的指令信息对外部事物的运动状态和运动方式实施干预，以便更好地应用信息。

3. 根据一定的次序划定的等级可将其划分为主体信息技术和应用信息技术。（1）主体信息技术：是按照技术的功能区分出来的信息技术，包括感测技术、通信技术、计算机技术和控制技术等。其中，通信技术和计算机技术是整个主体信息技术的核心部分。（2）应用信息技术：指针对各种实用目的，由主体信息技术繁衍而生的各种应用技术群，亦即主体信息技术通过合成、分解和应用生成的各种具体的实用信息技术。应用信息技术广泛渗透到工业、农业、军事、教育、科学文化等各个领域，构成了一个完整的应用技术体系。

4.从信息系统功能的角度，可将信息技术划分为信息输入输出技术、信息描述技术、信息存储与检索技术、信息处理技术和信息传播技术。

5.按照专业信息工作的基本环节或流程，可将其分为信息获取技术、信息传递技术、信息存储技术、信息检索技术、信息加工技术和信息标准化技术。

以上从不同角度对信息技术进行的划分都不是绝对的。在大多数情况下，各行业、各领域人们的研究目的和使用习惯不同，对信息技术也会有不同的划分。厘清了信息技术的划分，可以此为基础构建信息技术的体系结构。

三、信息技术的发展历程

凡是能扩展人类信息利用能力的技术都是信息技术。伴随着人类社会的发展，信息技术经历了从低级到高级的发展历程，并在此过程中发生了多次重大变革。而每次信息技术革命都对人类社会和科学技术的发展产生巨大的推动力，而科学技术的进步又会带来新的信息技术革命。

（一）语言的诞生

人类赖以生存的地球已经运转了几十亿年，古猿人在几百万年前就已出现，而现代人类只有几万年的历史，自四万年前语言诞生之后，人类社会才获得迅速的发展。语言是一种以语音为物质外壳，以语义为意义内容，音义结合的符号系统。人类把无意义的语音按照各种方式组合起来，使其成为有意义的语素，又把为数众多的语素按照各种方式组合成话语，用无穷变化的形式表示变化无穷的意义，从而形成复杂的语言系统。在语言诞生之前，人类没有真正意义上的信息交流工具。谁也说不清语言是什么时候产生的，也说不清是哪一个民族最先使用语言的，但可以肯定的是，人类信息交流的迫切需要增加了手势交流的信息含量，方便了人类的生产互助合作，进而产生了语言。语言的诞生可视为人类历史上出现的第一次信息技术革命，它标志着人类开始从猿进化成人。语言成为人类早期社会特有的信息交流与加工工具，人类依靠语言表达并辅以动作进行信息交流，采用结绳记事的方法记录和存储信息，掐指计算成为信息处理的主要方式。

语言是人类进行思维和传递信息的工具，是人类保存认识成果的载体。但是，随着社会的不断发展，单纯依靠语言的信息交流和处理方式逐渐不能满足信息传递的需要。这种交流方式表达的信息量少，传播范围小，人类在社会生活中积累的经验、发生的事件只能通过口传的方式进行传承，容易失传和失真，限制了当时社会的进一步发展。

（二）文字的发明和使用

在劳动中，人类又逐步发明了文字符号，使人类语言外化，实现了人类信息活动史上的第二次变革。信息的符号化，虽然并没有使人类的信息处理发生实质性的变化，却使人类的信息传递和存储发生了革命性改变，第一次超越人类自身的生理局限和时间、空间的限制。以前仅靠口传或图腾记录方式流传的故事和生产生活经验，现在可以用文字准确地记录下来，传之不朽。

（三）造纸术和印刷术的发明和使用

早先的人们用甲骨、木竹简等记录文字，以保存信息，但这种方式笨重麻烦。东汉蔡伦以树皮、破布、废麻等为原料，制成了质量较好的纸。这种造纸技术一直沿用到18世纪。当纸得到广泛应用后，手书效率低的问题就显现出来了，所以印刷术作为扩展与延伸人类手写信息功能的技术，理所当然地出现在最早发明纸张的中国。最早的印刷术是始于唐朝初年的雕版印刷术。北宋毕昇又发明了活字印刷术，基本解决了信息传播的效率问题，完成了人类历史上新的信息变革。印刷术的发明，使人类信息（特别是文字和图画信息）传递的速度和范围急剧扩展，人类存储信息的能力进一步加强，并初步实现了广泛的信息共享。可以说，印刷术的出现是这个时期信息技术最耀眼的成就，它使文字信息的复制方法从低效率的手工抄写一跃到大批量的印刷，造就了信息处理技术的第一次飞跃。

有了规模浩大的信息储存载体和记录工具后，人们开始以书信这一崭新的更加有效的方式传递信息。除此之外，在古代人们还广泛地使用其他手段，如用漂流瓶、信号标等进行信息传递，用壁画、图形等存储有关信息。

（四）现代通信技术的产生

19世纪，电话、电报、广播、电影、电视等现代通信技术和传播技术相继问世，使人类进入利用电磁波传播信息的时代，标志着信息技术发生了新的革命性的变化。电话、电报弥补了古老的邮政制度下信息传递速度缓慢的缺陷，延展了呼喊、烽火等传递信息的距离，为人类提供了简便、快捷、直接传递信息的手段，使信息能瞬间被传递到几万公里以外。广播、电影、电视的信息传播采取的是"一对多"的信息广播传递方式，明显有别于电话、电报和邮件的传递信息形式。这些技术的诞生开创了信息传播技术的新局面，使信息传播的范围拓宽了，信息获取的时间缩短了，人们可以在众多的信息中选择所需信息，大大开阔了视野。

通信是人与人之间通过某种媒介进行的信息交流与传递。从广义上说，无论采用何种方法，使用何种媒介，只要将信息从一地传送到另一地，均可称为通信。通信技术是扩展人类信息交流与信息传递能力的技术。现代通信技术则是指采用最新的技术不断优化通信的各种方式，让人与人之间的沟通更加便捷、有效，它随着科技的不断发展而发展。现代数据通信技术主要有数字通信技术、程控交换技术、信息传输技术、通信网络技术、宽带接入技术等。进入20世纪后期以来，现代通信技术得到迅猛发展，手持移动通信设备以惊人的速度得以普及。"任何人可以在任何时间、任何地方同任何人通信"的时代已经到来。进入21世纪，移动通信已成为全球信息高速公路的重要组成部分。

（五）计算机技术与互联网

20世纪40年代的第二次世界大战促进了信息技术的长足发展，电子电路以及元件理论和生产技术均达到很高的水平。当时，美国已经具备设计电子计算机的主要技术，加之战争急需高性能、复杂度高的新式武器，需要更高速的计算工具来进行设计与计算，于是在1946年，世界上第一台电子计算机埃尼阿克（ENIAC）在美国诞生。从此之后，计算机技术可谓日新月异，它的应用激发了信息技术的巨大潜能。

在人类信息技术的漫长发展历史中，尽管信息传输（传递）、信息储存技术无时无刻不在发生变化和进步，但是信息处理一直是在人的直接参与下，或者说是完全由人脑完成的；计算机的出现彻底地改变了这一状况。如今，借助计算机，人类可完全脱离人脑而有效地加工处理信息。

计算机技术是现代信息革命的先导，也是现代信息技术的核心。随着计算机的发展与普及，人们希望能共享存储在计算机中的数字资源以及快速传递数字信息。于是，人们将计算机与现代通信技术完美结合，即利用通信设备和线路将地理位置不同、功能独立的多个计算机系统互联起来，形成了计算机网络，并逐渐演变为国际互联网。互联网是一种全球性的计算机互联网络，通过这个网络，人们可以与远在千里之外的朋友相互发送邮件，共同完成一项工作，共同娱乐。可以说，互联网是人类历史发展中的一个伟大的里程碑，它正在悄悄地对人类社会的文明发展起着越来越大的作用。"信息高速公路"是互联网发展的高级阶段，它能把政府机构、企业、学校、科研机构和家庭的计算机联网，采取双向交流形式，在全球甚至更大的范围内传输图文并茂的多媒体信息。计算机及互联网的问世又一次掀起了人类社会信息技术革命的巨大浪潮，这次信息技术革命的结果，使人类进入了一个崭新的历史时代——信息社会时代。

四、信息技术的发展趋势

（一）人工智能

人工智能是指通过研究、开发，用于模拟、延伸和扩展人类智能的理论、方法、技术及应用系统的一门新的技术科学。人工智能是计算机科学的一个分支，它企图了解智能的实质，并生产出一种利用与人类智能相似的方式做出反应的新型智能机器，该领域的研究包括机器人、语言识别、图像识别、自然语言处理和专家系统等。"人工智能"一词最初是在1956年达特茅斯（Dartmouth）学会上提出的，从那以后，研究者们发展了众多理论和原理，人工智能的概念也随之扩展。人工智能是一门极富挑战性的科学，从事这项工作的人必须懂得计算机知识、心理学和哲学。人工智能的研究范畴包括语言的学习与处理、知识表现、智能搜索、推理、规划、机器学习知识获取、组合调度问题、感知问题、模式识别、逻辑程序设计、软计算、不精确和不确定的管理、人工生命、神经网络、复杂系统、遗传算法等，最关键的难题是机器的自主创造性思维能力的塑造与提升。人工智能在英语教学研究中的一个重要领域是机器翻译和智能控制。

（二）物联网

1999年，美国麻省理工学院自动识别中心提出网络化无线射频识别（RFID，Radio Frequency Identification）系统，利用信息传感设备将物品与互联网连接起来，实现智能化识别和管理。

物联网是指通过信息传感设备，按照约定的协议，把任何物品与互联网连接起来，进行信息交换和通信，以实现智能化识别、定位、跟踪、监控和管理的一种网络。它是在互联网基础上延伸和扩展的网络。物联网的概念有狭义和广义之分。狭义物联网即"联物"，即基于物与物间的通信，实现"万物网络化"；广义物联网即"融物"，是物理世界与信息世界的完整融合，以形成现实环境的完全信息化，实现"网络泛在化"，并因此改变人类对物理环境的理解和交互方式。

（三）云技术

云计算是分布式计算技术的一种，其通过网络将庞大的计算处理程序自动分拆成无数个较小的子程序，再交由多部服务器所组成的庞大系统，经搜寻、计算、分析之后将处理结果回传给用户。如果在英语教学中使用云技术，将带来如下好处：

1.超大规模

云的价值在于通过合并计算资源，实现资源的最大化利用。比如，学院可以通过部署服务器来取代学生的电脑主机，将所有主机整合为一个云系统，从而实现资源利用最大化。

2.虚拟化

虚拟化后，教师给学生分配的不再是真实机器，而是根据需要配置的对应性能的虚拟机，在管理上减轻了学院的工作量。

3.可靠性

云技术将所有的核心资源都集中到系统里，其分布式系统的特性决定了云技术比传统方式有更高的安全性。学生和教师使用的端口如果出现设备故障，可以模块化方式快速更换，教师和学生甚至可以使用自己的手机、平板电脑作为终端设备。云端系统一旦出现设备故障，可在短时间内进行更换，并迅速恢复运行。

4.可扩展性

当教学任务变化或者教学系统需要升级时，只需要对核心设备进行升级或者增加设备，实验室与使用者端的设备不需要任何更改。

5.按需服务

可以根据课程、学生人数进行资源分配，能实现资源的合理化、科学化。比如，教室根据需要可以自由组合，通过云技术，可以根据课程来灵活安排上课人数。

（四）大数据

"大数据"作为IT行业的词汇，紧随其后的数据仓库、数据安全、数据分析、数据挖掘等围绕大数据商业价值的利用逐渐成为行业人士争相追捧的利润焦点。数据并非单纯指人们在互联网上发布的信息，全世界的工业设备上有着无数的数字传感器，随时测量和传递着有关位置、运动、振动、温度、湿度乃至空气中化学物质的变化，产生了海量的数据信息。物联网、云计算、移动互联网、手机、平板电脑、PC以及遍布世界各个角落的各种各样的传感器，无一不是数据来源或者承载数据的载体。

大数据是继物联网、云计算之后，产业的又一次颠覆性技术变革。云计算主要为数据资产提供保管、访问的场所和渠道，而数据才是真正有价值的资产。企业内部的经营交易信息，物联网世界中的商品物流信息，互联网世界中人与人的交互信息、位置信息等，其数量远远超越现有企业架构和基础设施的承受能力，实时性要求也大大超越现有的计算能力。如何盘活这些数据资产，使其为国家治理、企业决策乃至个人生活服务，是大数据的核心议题,也是云计算内在的灵魂和必然的升级方向。大数据时代,网民和消费者的界限正在消弭,企业的疆界变得模糊,数据不仅成为核心的资产,还将深刻影响企业的业务模式,甚至重构其文化和组织。因此,大数据对国家治理模式,对企业的决策、组织和业务流程,以及对个人生活方式都将产生巨大的影响。

第二节　信息技术在教育中的应用

一、信息技术在大学英语教学中的应用领域

（一）课程设置

依据教育部门相关文件要求，各高校应该根据自己的办学特点、学科优势、师资力量以及软硬件配套现状等，设计具有鲜明特色的大学英语课程体系。无论是综合英语类、语言技能类、语言文化类还是专业英语类的必修及选修课程，都需要充分考虑对学生听说能力的培养。听说是构成语言能力的技能部分，学生和教师的英语交流以及学生之间的英语交流会受到范例不足导致语音不标准或者语用不得体的现象发生。因此，为了提高学生的听说技能，各高校在课程设置上应相对弱化教师讲授所占比重，大量使用先进的信息技术，尽可能地营造真实的听说环境。

（二）教学模式

传统的教学模式以单一的教师讲授为主，新时期的高等教育大力倡导以现代信息技术和网络技术为支撑，采用基于计算机和课堂的两种教学模式。基于课堂的教学模式最突出的特点是比较适合读、写、译三种技能的培养和提高。基于计算机的教学模式可在学生自学并有教师辅导的教学环境下，逐步培养学生的听、说、读、写、译五项技能；该模式的优点是可以直接作用于听、说两种技能，并为其余三种技能创造信息化环境。例如，无纸化阅读和电子输入，不仅提高了广大学生的语言文化知识技能，而且全方位培养了学生适应信息时

代全新的学习和工作的能力。也有学者提出过计算机和课堂相混合的教学模式,该模式是硬件教育资源充分配置下基于计算机和课堂两种模式的多元融合,可以确保在不受时间和空间限制的前提下,对英语五项技能进行立体化教学。

(三)教学评估

教学评估是检验教学质量、获取反馈信息的重要依据,也是改进教学方法、调整教学策略、提高教学水平的有效手段,它既对学生的学习进行评估,又对教师的教学进行评估。信息技术在教学评估中比较适用于对学生学习进行形成性评估。在学生的自主学习阶段,实施计算机和课堂相混合的教学模式,综合完善的教学管理软件和流畅开放的计算机网络,有助于实时形成大学生自主学习记录,及时建立学习档案,并且为教师提供动态客观的第三方监控,以最终形成评估结论。在对学生的终结性评估以及对教师的评估中,信息技术有助于教学实施者建立完备的评估结论档案体系,在技术上为语言教育研究者和教育行政管理者提供统计上的便利,以利于更深层次地发掘评估结论和教学过程的内在关联,促进教学实践和行政管理的互补协调。

(四)教学管理

教学管理贯穿于大学英语教学全过程。基于计算机和网络的大学英语教学及管理软件将一切在教学和管理中形成的文件以电子文档的形式自动建档并归类,使相关责任主体和学习主体能不受时空限制随时查阅。在基于计算机和局域网的教师讲授和学生自主学习中,教师不必走到学生中间去一一观察或管理,既降低了教师作为观察者对学生心理状态的干扰,又减少了教师的后台管理工作。在基于互联网的远程学习和第二课堂中，信息技术更能发挥其良好的管理功能，在线互动、收发作业、知识信息的电子传输、学习效果反馈等均可以通过网络课程软件得以实现。以信息技术为利器，教学管理者可采用在线培训等方式不断强化对教师的培训，进而提高教学团队的整体水平。

二、信息技术在大学英语教学中的应用过程

（一）转变教学观念，改进教学方法，开展信息化教学

在传统教学模式下，教师常常处于中心地位，学生处于被动接受的状态，这种英语教学模式已不能满足人才培养的需要。大学英语教师必须转变教学观念，接受新事物、新技术，积极学习网络多媒体技术，深刻了解网络多媒体技术应用于大学英语课堂为英语教学带来的变革性影响，积极利用网络多媒体技术进行课堂教学，改进教学方法，积极探索新的教学模式，力求使多媒体信息技术更好地为英语教学服务。

在大学英语教学中应用信息技术，不仅要转变教学方法和教学手段，而且要转变教学理念。教师是知识的讲授者和传播者，教学的目的是培养学生，使其掌握新知识、新技能。学生是大学英语教学中的对象和主体，因而大学英语教学效果应以学生的学习效果为依据，而学习效果在很大程度上取决于学生主体性的充分发挥。学生的主体性要求教师把学习的主动权交给学生，给他们自主学习的时间与空间。所以，教师应当摒弃以教师为中心，单纯传授语言知识和技能的教学思想，而应转向以学生为中心，既传授语言知识与技能，又注重培养学生语言实际应用能力和自主学习能力的教学思想，使教学以培养学生终

身学习能力为导向，逐步实现终身教育。信息技术需要最终应用于教学实践中，只有这样，才能发挥其服务于大学英语教学、改变教学模式、培养学生自主学习能力、提高学生综合文化素养的作用。首先，可以在设置课程时充分考虑高校现有的信息化软硬件环境，设计出符合本校办学特点的大学英语课程体系。其次，在教学模式上应充分利用现代信息技术，采用基于计算机和课堂的英语教学模式，改进以教师讲授为主的单一教学模式，体现大学英语教学实用性、知识性和趣味性相结合的原则，从而调动教师和学生两方面的积极性，尤其要体现学生在学习过程中的主体地位和教师在教学过程中的主导作用。再次，在教学评估中应加大在英语教学中教师对现代信息技术使用的考核，以及以此为依托的评估结果所占的比重。最后，在教学管理工作中，可以开发综合性的教学管理软件，以便各类教管文件的存档管理、教学活动的动态监控、教师的在线培训等相关活动的开展。

（二）改革评价方式，关注学习过程

评价是教学过程中的重要环节。大学英语教学要求我们改革评价方式，关注学生学习过程中的情感态度、学习方法、实践能力等综合因素，对学生实现全面、客观、科学的评价。信息技术在大学英语教学中的应用，能赋予教学评价更多的指导作用和教育意义，实现以评促学。例如，教师可以利用网络教学平台的存储功能，为每个学生建立"个人作品集"，将学生的课堂表现和课后作业以音频、视频或图片的形式存储起来，使学生发现自己在英语学习中的长处与不足，看到自己的成长与进步，再对学生进行过程性评价和激励性评价，使学生通过评价，体会到学习英语的乐趣，提高英语教学的效率。

（三）架构信息化教学环境，加强网络资源库建设

一方面，配备计算机，建设计算机辅助教学语言实验室，架设局域网络，开放与网络连接的端口是信息技术应用于大学英语教学的物质基础，也称作硬环境建设。一般来讲，高校在架构设备设施时，应处理好以下三方面的关系：办学特点、投资成本、利用效率。在投入之初，应当积极开展专家论证、教师调研、实践考察等多种活动，以设计出既符合本校办学特点、节约资金，又能发挥其最大功效的硬件体系。另一方面，开发和建设各种基于计算机和网络的教学软件。教学软件作为信息技术应用于大学英语教学的技术保障，也称作软环境建设。软环境建设也需要考虑以上多个方面的因素，通常可以采用独立式软件开发和开放式软件采购的方式。独立式软件开发适用于统筹有自己办学特色的各种硬件设备，使之能高效协同运作，这一类软件的开发不会耗费大量的资金，且能充分考虑到各高校的硬件现状以及教师的使用习惯，极具个性化特征。开放式软件采购主要指与教材相匹配的各种教学软件、网络课程以及与之相适应的评估和管理软件。由于这类软件多基于教材，具有很强的专业性，依靠某个高校内的成员是很难完成的，因此这类软件多由国家教育经费支持，综合全国专家和技术人员共同设计配套开发，各高校只需直接购买即可。

完善的网络多媒体信息设备是信息技术辅助大学英语教学的先决条件，学校有关部门应该积极筹集资金建立多媒体教室、语音室，搭建稳定的校园网络平台，以保证英语教学的顺利进行。此外，学校还要配备相关的技术人员负责校园网络的维护和多媒体使用的指导工作。

网络资源库是利用信息技术辅助大学英语教学的必要条件之一，只有丰富

的、多样化的网络多媒体资源才能满足教师教学的需要。因此，学校应该组织有关人员讨论研究，深入到学生中，积极制作多样化的多媒体课件。课件制作应该以学生为导向，符合学生认知规律，同时能充分调动学生学习的积极性和主动性，使学生在轻松愉快的课堂氛围中学习英语，有效地掌握英语基本知识和基本技能。

（四）组建信息化教学管理团队

组建团队是信息技术得以在大学英语教学中高效应用的重要环节，一般包括以下几个方面的工作：一是选择成员。在教师团队里，要兼顾年龄分布、职称结构、操作技能这三方面的因素。管理团队的组建需要将行政管理人员和工程技术人员纳入进来，并且要充分考虑学生人数和教师、教辅人数的比例。二是明确职能分工。这主要是针对教师、辅助人员及管理人员而言的，其职能分工应与教学目标相匹配。三是建立团队运行管理机制。包括日常沟通机制、应急处理机制、奖惩机制、准入和准出机制等。

英语教师是网络多媒体教学顺利进行的关键所在，教师只有熟练掌握多媒体技术，才能在实际教学中运用自如，才能使网络多媒体技术有效地辅助英语教学。因此，学校必须加强对英语教师的信息技术培训工作。首先，学校可以聘请信息技术人员来校举办讲座，或者利用寒暑假开办培训班，教授英语教师基本的网络多媒体理论和技能。其次，学校还可以定期派英语教师去其他学校交流学习，学习如何利用网络多媒体技术进行英语教学，如何在保证教学质量的同时，增加教学过程的多样性和趣味性。

三、信息技术在大学英语教学中的作用

（一）有助于调动学生学习英语的积极性

实验心理学家赤瑞特拉（Treicher）的实验证明，人类主要通过视觉和听觉获取大量的信息，而且这样获取的信息印象更为深刻。大学英语课堂中使用网络多媒体信息技术可以将图像、声音、文字等信息融为一体，通过人机交互，多方位地刺激学生的感觉器官，全面调动学生的视觉和听觉，为学生营造一个轻松愉快的真实场景，有效地激发学生的学习兴趣，调动学生学习的积极性、主动性和创造性。

（二）有助于学生个性化的发展

在传统的大学英语教学中，无论是教学手段还是教学方法都是单一的，教师主要通过口头讲解和纸质教材向学生传授各种语言知识，这种方式很难激发学生的学习兴趣，学生的学习行为是被动的、僵化的，学生的个性化难以得到发展。如今，教师可以运用信息技术手段辅助大学英语教学，根据教学内容的不同要求，将文字、图形、图像、声音等物理媒介组合起来，形成多媒体课件，为学生创造一个全新的、多元化的、原汁原味的英语学习环境，让学生充分运用视觉、听觉进行英语学习。

在实践教学中，教师可以根据学生的不同个性、不同水平充分使用信息技术设备设置难易不同的学习内容，存储于网络服务器中，方便学生随时调用这些资源。语言学习环境的建立可以充分调动学生学习语言的兴趣和积极性，也可以转变以教师为中心的教学模式。尊重学生在教学中的主体地位，对于学生

个性的形成、创造性思维的培养都是极为有益的，对于学生综合素质的形成也会产生深远而重大的影响，在大学英语教学中能真正实现灵活多样、个性化的教学。

（三）有助于培养学生自主学习能力

大学英语课堂中运用多媒体技术辅助英语教学，彻底改变了传统课堂中以教师为中心、学生被动参与的单一教学模式。新型的教学模式以网络多媒体技术为平台，使学生主动参与其中。学生可以根据自己的情况，自主选择所要学习的内容和学习方式，自由地获取所需的知识和信息，以满足自身求知的欲望。该教学模式极大地调动了学生学习英语的积极性，培养了学生自主学习的能力。

大学英语教学的目的，不仅仅是向学生传授语言知识，更重要的是培养和提高学生运用英语进行交流的能力。要使英语真正成为信息化和国际化社会必备的工具性知识和交际工具，最有效、最便捷的方式就是运用信息技术构建情境式大学英语教学环境。

在教学过程中，利用音频技术和多媒体技术营造逼真的交际环境让学生产生身临其境的感觉，有助于激发学生的学习欲望，让学生主动参与教学实践，使学生的口语表达能力得以提高。通过模拟某场国际会议的工作布局和完整流程，能从感官体验上锻炼学生的心理素质；通过嵌入式系统、以太网技术、多通道和分组通信、实时传输协议等数字技术，能对学生进行口译训练、译员训练、同传训练等，使学生的英语技能得到全面的锻炼。丰富多样的教学方式，将学与练有机结合起来，对学生英语学习能力的提高会起到事半功倍的效果。

（四）有助于培养学生跨文化交际能力

在大学英语课堂中使用网络多媒体信息技术，能为学生提供一个真实语言环境，让学生身临其境，有助于提高学生的跨文化交际能力。在传统的英语课堂上，英语教师大多是单纯地授课，学生也只是被动地接受和记忆语言知识。而对于语言这一门特殊的学科而言，缺少了语言环境，语言的学习效果就会大打折扣。而多媒体信息技术能通过大量的图文、动画为学生创造一个真实的语言环境，让学生沉浸在真实的语言情境之中感受英语的魅力，真正理解英语语言和文化，培养学生的跨文化交际能力。

第三节　信息化教学的定义与有效性分析

一、信息化教学的含义

目前，信息化教学尚没有一个确切的、权威的定义，国内有影响的说法主要如下：

（1）信息化教学是与传统教学相对而言的现代教学的一种表现形态，它以信息技术的支持为显著特征。当然，以信息技术为支持只是信息化教学的一个表面特征，在更深层面上，它还涉及对现代教学观念的指导和对现代教学方法的应用。

（2）信息化教学是以现代信息技术为基础的新的教学体系，包括教学观念、教学内容、教学组织、教学资源、教学模式、教学技术、教学评价、教学环境、教学管理等一系列的改革和变化。信息化教学主要包括六个要素：信息网络、信息资源、信息资源的利用与信息技术的应用、信息化人才、信息技术产业和信息化政策、法规和标准。其中，信息网络是基础，信息资源是核心，信息资源的利用与信息技术的应用是手段，而培养信息化人才是目的，信息技术产业和信息化政策、法规和标准是其保障，信息化教学是以教学过程的设计和学习资源的利用为特征的。

（3）信息化教学是信息化教育的主干、核心和重要的表现形态。相对于传统教学，信息化教学是以现代信息技术，特别是计算机技术支持为显著特征的一种教学形态，但是，这并不意味着"技术中心""技术为本"或"技术决定论",而是技术为教学服务。也就是说,信息化教学利用现代信息技术更好地创造"以人为本""以学生的发展为本""以适应信息社会的生存为本"的教育教学条件、环境,使教学效果更明显,使学生的学习更有价值。

二、信息化教学的特点

与传统教学相比,信息化教学的特点主要表现在教学和技术两个层面上。

(一)在教学层面上

1. 教学理念的革新化

与传统教学理念相比,信息化教学理念主要表现出"三个转移"。

第一是教学中心的转移,即由以教师为中心转移为以学生为中心,由以教为中心转移为以学为中心,由以传授知识为中心转移为以"人力开发"(智力、心力和体力)、能力培养,特别是创新思维能力培养为中心。

第二是教学目标的转移,即由培养知识型人才转移为培养能力型人才(重点是信息能力、创新能力和学习能力)、素质型人才,由适应计划经济社会的工作型人才转移为适应信息社会、知识经济、市场竞争、高科技、数字化环境的应用型、创造型人才(主要表现为全面+个性、人脑+电脑、智商+情商)。

第三是教学技术的转移,即由普通的传媒技术转移为以计算机为核心的高新信息技术,由模拟技术转移为数字技术,并由此引发教学模式、教学手段、教学环境乃至教学理论、课程与技术的整合等一系列的变革和转移,这也是信息化教学的重要标志之一。

2. 教学主体的广义化

教学主体任何时候都是教师与学生。与传统的学校教学活动中教师与学生的含义相对具体固定相比，信息化教学活动中的教师与学生的含义更为丰富。教师不仅有"人化"的实体，更有"物化"的电子教师（如各种形式的电子课件），还有"拟人化"的虚拟教师（各种网络教学平台和智能教学系统）；学生也不再仅仅是局限于学校里的按学科、按专业划分班组的学生，而是包含无界域的、社会性的、广泛的校内外学习者。

3. 信息表征的多元化

多媒体技术的运用，使教学信息的表征由简单的文字、语言、图表、实物发展为语音、文字、图形、视频、动画等多元化、一体化的表征形式，这更有利于学习者调动多感官学习，也更符合不同类型学习者的需求，有利于提高学习效率。

4. 教学资源的共享化

互联网在全球的普及，使全世界的教育教学信息资源构成了一个巨大的资源库，供广大的学习者在任何可以上网的地方都可共享使用，如各种网络教育教学站点、各种虚拟软件库、各种电子期刊、各种数字化图书馆等，这就为社会化学习、基于资源的学习奠定了强大的基础。不仅如此，网络还可创造一种前所未有的"集体智慧"资源，使世界各地的教育家、科学家、思想家、艺术家联结起来联机思考，将思考结果存于互联网数据库之中，构建成交互式人类共享大脑和思维库，这将超越任何个人的能力和智慧，使人类比以往任何时候都更加聪明。

5. 教学目标的价值化

教学目标的价值取向不再是单纯使学生获取知识、掌握技能、培养适应计划经济的工作型人才，而是以"人力开发"为目标的素质教育、以创新精神和创新能力为核心的能力培养；以信息素养特别是信息能力、终身学习能力、信息化生存能力为主体的应用型人才。这将使教学对象（也是教学产品）——学习者的学习更富有价值。

6. 教学过程的个性化

在现代信息技术的支持下，信息化教学可以真正实现让教师"因材施教"、让学生"自主学习"，特别是利用人工智能建构的智能教学系统（或智能导师系统），可以依据学习者的认知特点、个性和学习方式进行教学和提供帮助，实现真正意义上的"个别化教学""个性化教学"，这就为培养学习者的创造性学习能力（个性是创造性的基石）创造了良好的条件。

7. 教学策略的灵活化

利用现代信息技术，人们创造了信息化的教学环境和信息化的教学模式，当然也制定了相应的信息化的教学策略，例如，教学的组织形式由以课堂为中心的集体授课形式变为网络环境下的个别化、自主化教学,协作式、探究式学习,基于资源、基于问题等形式的学习；教学程序由线性组织变为非线性的网状组织；教学方法由教师导向变为双向、多向交互；教师由知识的传授者变为学习的指导者、咨询者、帮助者和协作者；教学媒体手段由普通媒体变为现代高科技信息媒体；等等。

8. 教学评价的过程化

与传统的教学评价相比，信息化教学评价不再以考试评定结果、以分数衡量优劣，而是更重视过程评价、自我评价、主观评价、形成性评价、资源评价以及绩效评价，更趋于科学化、人性化，使评价更精准、更客观。

（二）在技术层面上

1. 教学材料的多媒体化

教学材料不再是以印刷媒体为主的"死的"教材，而是以计算机多媒体、超媒体为主的集结构化、动态化和形象化于一体的"活的"教材，如各种多媒体、超媒体课件，各种教学系统（包括智能教学系统）、教学平台，各种学习认知工具和教育、教学软件等。"活化"的教材更适合人的"活化"的认知和思维。

2. 教学手段的现代化

现代信息技术的运用使信息化教学手段从传统教学的教材＋粉笔＋黑板＋传统媒体转变为以计算机多媒体技术、网络技术、人工智能技术为核心的现代化手段，使教学效果更好，教学效率更高。

3. 教学系统的智能化

随着人工智能技术的不断发展，各种智能教学系统、智能导师系统、智能教学代理系统等不断应用于教学，使教学更趋于人性化，使人机交互、内容交互更趋于舒畅、自然，使学习更趋于个性化、智能化、自主化。

4. 教学媒体的数字化

以计算机为核心的数字技术的发展，使教学媒体、教学设备全面实现数字化，数字化意味着大容量、高速度、一体化、小型化、智能化和自动化，这不仅为人类数字化学习提供了硬件环境和技术条件，而且创造了更好的软件环境。

5. 信息传输的网络化

以计算机网络为核心的网络技术的迅速发展推动了数字卫星通信网、数字移动通信网和互联网的多网融合的趋势，有利于教育信息的传输和教育资源的共享，更有利于数字化学习和终身学习的实现。

6. 教学环境的虚拟化

信息化教学的最大特点就是教学环境不再受物理时空的限制，如虚拟教室、虚拟实验室、虚拟校园、虚拟学习社区、虚拟图书馆、虚拟阅览室等的使用，使学习超越地域、年龄、文化背景等限制，不仅为数字化学习创造了环境条件，而且为全民教育、终身教育的实现创造了条件。

7. 教学管理的自动化

与传统的人工化教学管理相比，由现代信息技术支持的教学自动化管理系统实现了全方位的教学自动化管理。从网上招生、电子注册、自主选课、建立电子学档、学习过程监控、学习任务分配、学习问题诊断、教学指导、教学活动记录、作业批改、网上测试、教学评价、教学成果或电子作品展示一直到网上毕业、就业信息等，通盘可实现自动管理，加快了教学信息化进展的步伐。

三、信息化教学的实践领域

信息化教学的根本目的在于借助现代信息技术和信息资源，为学习者创设良好的信息化学习条件，通过利用信息技术，培养学习者自主学习的能力、高效学习的能力和终身学习的能力，以适应信息社会发展的需要。

信息化教学的实践领域主要包括现代远程教育、学校信息技术教育、教育管理及各种信息技术人才培训三个领域。其中，现代远程教育领域主要体现在国家开放大学、普通高校网络教育学院和面向基础教育的各种网校等；学校信息技术教育领域主要体现在学校的信息化软硬件的建设、信息技术知识的学习和培训、信息技术与课程的整合等；教育管理及各种信息技术人才培训领域主要体现在各种教育系统，特别是学校教育、教学系统的信息化管理和信息技术人才（教师、管理人员、辅助人员等）的培训等。

在这三个领域中，利用计算机多媒体特别是计算机网络实施教学是信息化教学的主流和代表形式。因此，对信息化教学的研究主要是对网络环境下的教与学及其相关问题的研究。

网络，这里主要是指计算机网络，包括广域网和局域网，如互联网、校园网等。网络既是教学信息的载体，又是教学信息传播的媒体；既是教学资源（互联网是世界上最大的资源库、图书馆），又是教学环境（互联网是世界上最大的学校、教室，是超越时空地域、可覆盖全球的集成教学环境）；既是信息化教学赖以进行的、最先进的交互工具，又是教学结果及时获得评价的技术手段；既是现实的，又是虚拟的；既具有物理的、社会的、文化的特征，又具有心理的、认知的特征。

网络教学是目前信息化教学的主要表现形式，它是指利用计算机网络的特性功能和资源环境进行的教与学的活动；或者说是借助互联网建立有意义的学习环境（如网络学习资源、网络学习社区、网络技术平台等），以促进和支持学习者学习的教学活动。网络教学既是教与学的活动过程，又是学习资源开发、利用、创造、再生的过程；既是学习者自主学习知识的有效途径，又是开发、培养、创造、提高信息素养、自我价值，完善自我人格的有效途径，更是终身教育得以实现的有效途径。

四、信息化教学的有效性分析

（一）信息化教学的再解读：本源与内涵

信息化教学已经不是一个新名词，在经历了多年的实践和探索后，人们逐渐对信息化教学有了一定的认识。所谓信息化教学，就是教育者和学习者借助现代教育媒体、教育信息资源和方法进行的双边活动。从这个定义不难看出，信息化教学是以信息技术的应用为主要手段实现教学过程。然而，仅从这点认识还不能完全理解信息化教学的内涵，从表面上看，信息技术的支撑是信息化教学的显著特征。从内涵上理解，信息化教学与传统教学有着本质的区别，信息化带来的不仅是教学形式上的变化，更是教学内涵的更新，我们应该从更全面的视角和更系统的观点理解信息化教学。

对信息化教学内涵的理解从工具论到系统论的转变是其应用逐渐成熟的标志。因此，对信息化教学的再解读，依然应遵循这个原则。我们应从工具性和人文性两个角度理解信息化教学。首先是信息化教学的工具性，这是信息化教学最初的、最直接的内涵。工具性是指教学中应用信息技术给教学带来一些工具、技术上的变化，如教学手段的优化、教学环境的现代化、教学材料的多媒体化等。这意味着信息化教学就是应用技术促进教学，在教学的各个环节融入信息化技术。其次是信息化教学的人文性，这是信息化教学经过长期发展后人们不断反思才提出的内涵。人文性是指信息化教学要从人的发展角度重新思考教学的本源，以人文观点理解信息技术的作用，理解教师的角色，关注学生的发展。要想避免"人灌变电灌""技术凌驾于人之上"等异化现象，就要从人与技术、人与教学、人与信息化的关系中理解信息化教学。在这种视角下，我们应该更加强调信息化教学的个性化、交互性，以及评价的多元性、价值取向的人文性等。基于这两点认识，我们再次探讨信息化教学有效性和如何实现有效的信息化教学才更有意义。

（二）信息化教学有效性：困境中的要求

信息化教学有效性问题是伴随着技术在教学中深入应用而产生的研究课题，目的在于直面当前信息化教学实践所面临的困境，对"如何在教学中使技术应用产生更大的效益和影响""如何看待和理解有效的信息化教学"等问题进行探究。在探讨信息化教学有效性问题之前，我们有必要先对有效教学及教学有效性等概念做出阐释。

有效教学随着基础教育课程改革的推进而逐渐进入人们的视野。有效教学的含义一般有两种解释：一种是从学习的角度出发，有效教学主要是促进学生的"学"，教学有效性归根结底是促进学生"学"的"教"。另一种是从经济学投入产出的角度出发，从教学投入与教学产出的关系界定教学的有效性，又可从效率、效果和效益三个方面进行界定。

那么对于信息化教学有效性，我们该如何理解呢？近年来，部分研究者对该问题进行了解说：信息化教学有效性是指信息技术支持下的有效教学，并由此建立判定信息化教学的有效性策略，即以教学目标的实现为根本，综合效率与效果两方面的要求，考查信息技术在具体教学情境中的运用；信息化教学有效性是指在教学中恰当地运用各种信息资源或媒体实现有效教学，创设有助于学习者学习的环境，以尽可能少的教学投入达到预期的教学效果，其内涵包括几个要点：以课堂环境为基点，以有效教学为根本，以实用视角为指导，以学习策略为指标。胡晓玲认为，有效的信息化教学是信息技术环境支撑的有效教学，是在信息化教学活动中，创设符合教学要求的信息化情境，从而在效果、效益、效率三个方面均能达到教学目标的要求，并能采取有效的评价方式进行评价的系统过程。从以上几种观点可以看出，研究者对信息化教学有效性的理解都强调了一点——运用信息技术提高教学的有效性或利用技术支持有效的教学，毋庸置疑，这是它最显著的特点。然而，笔者认为，如果仅从这点出发理解信息化教学有效性，难免太过简单与机械。理解信息化教学有效性内涵，我们应追根溯源，从其本源、追求以及现实困境来探讨。首先要解决的一个重要问题就是理解信息化教学有效性的价值取向，这是探讨该问题的前提和基础。

（三）信息化教学有效性的价值取向：关注和追求

价值取向是价值哲学的重要范畴，指的是一定主体基于自己的价值观在面对或处理各种矛盾、冲突、关系时所持的基本价值立场、价值态度以及所表现出来的基本价值倾向。简单来说，价值取向就是我们站在什么角度考虑问题，基于什么理念考虑问题。信息化教学有效性的价值取向就是我们在对信息化教学有效性的评判中按照某种价值观念进行价值选择和行为决策时所表现出来的价值倾向性。在讨论信息化教学有效性的价值取向问题时，我们要搞清楚两个问题：有效的信息化教学关注什么？有效的信息化教学追求什么？对这两个问题的回答正是对信息化教学有效性的内容与目标的回答，也是理解信息化教学有效性的核心所在。

1. 信息化教学有效性关注什么——从封闭的主体二元对立关系走向互动对话的交互主体性教学

课堂教学的有效性，不仅是课堂问题，还是教学问题，那么信息化教学有效性就不应局限于课堂教学目标是否达成、课堂教学方法是否恰当等课堂问题，而是要更全面地从教育教学的本质上理解。教学本质是一个师生互动的双边关系，信息化教学有效性也应该在双边关系的基础上处理各种教学问题。

在以往的信息化教学讨论中，我们似乎形成了两种相互对立的观点：一种观点认为有效的信息化教学是合理运用信息化手段支持有效的"教"，这种观点在信息化教学开展之初成为一种主流的观点。在这种观点的引导下，信息化教学主要关注如何促进既定的教学目标的实现，如何实施更为优化的教学策略等，主要运用信息化手段提高教学的效率、效果。也就是说，信息化教学有效性的关注点在教师的"教"。另一种观点则认为有效的信息化教学是有效地支持学生的"学"，信息化教学的有效性是从学生的学是否有效来评判的。这种观点比第一种观点前进了一步，它关注了教学对象和教学目的。

然而，这两种观点主要围绕教学的效率和学习目的提出了信息化教学有效性的基本思路，这种思路体现了人们强烈的"工具理性"思想。工具理性是指反映在计算、测量、组织、预测等技术行为中的认识能力，其目的在于追求行动的效率和功利的最大化。这种"工具理性"思想，在早期的信息化教学实践中起到了较为重要的作用，可以说它是教学中介性以及有效教学的基础。如果教师不经常借助工具理性对教学中介进行质疑和反思，那么教师就不可能实现有效教学。然而，以工具理性为基础的关于课堂教学有效性的理解可能会带来教学伦理性与教学双边性的缺失。

信息化教学有效性关注的维度不应走向工具理性的漩涡，除了直观的、可测出的教学效果和效率，更要关注师生这一对二元主体的情感以及教学交往。如果我们单方面从教师的"教"和学生的"学"的角度理解信息化教学有效性，便割裂了教学双边二元主体之间的交互特性，难避"机械、肤浅"之嫌。在现实中，我们也能看到这种双极化的实践误区。在从以教师为中心向以学生为中心转变的过程中，很多教师没能把握好度，过分强调学生主体地位，让学生在课堂上放任自流。而在相关的研究中，为了搞好信息化教学，我们一味地要求教师考虑如何突出学习者的主体性，如何让学习者的学习变得轻松，让学习者取得收获，而使教师感到迷茫和不知所措，甚至极大地加重教师的教学任务和思想压力。试想一下，对于教师而言，在如此繁重的任务和沉重的压力下，这种教学理念和形式能真正持续有效吗？长此以往，只会造成信息化教学的低效甚至负效，这也是很多教师批判甚至放弃采用信息化教学的主要原因之一。因此，有效的信息化教学应从封闭的主体二元对立关系走向互动对话的交互主体性教学。

交互主体性是指人们在交往过程中都是主体，交往各方有相对的独立性，彼此互相承认、互相尊重。同时，它强调了"交互"的特征：同样具有主体性的人与人之间又总是在某种共同的联系之中彼此相互影响、相互作用。这种彼此之间的相互影响、相互作用以及由此引起的变化或发展又总是在同一个过程中，作为不可分割的整体同时发生。相较于传统教学，信息化教学的交互性特点和影响更为突出，它既能突出学生在学习中的主体地位，又能提高教师的教学效率。任何单方面的提高都不能称之为有效的信息化教学。在信息化教学中，要达到有效的教学效果，就必须遵循交互主体性教学规律，关注教学主体的二元性，关注教学的双边互动性以及教学活动的生成性。首先，信息化教学中要做到教学过程中主体地位的平等，教师和学生双方都不可能以单纯的主体身份而把其他主体当作客体对待。因此，信息化教学不能过于偏向以教师为中心的课程教学体系，也不能过于偏向以学生为中心的课程教学体系，教学过程、教学内容以及信息化教学手段和信息化教学模式都必须在充分尊重双方主体身份平等的条件下进行设计和实施，教师和学生作为互动主体都应该在教学活动中实现其自主性和主动性。其次，信息化教学的交互主体性还要求在教学中通过互动和交往实现其有效性，这里涉及交往的一个基本问题——教师和学生对信息化教学的理解和认同是实现有效信息化教学的前提条件。这一点是至关重要的。在以往的教学实践中，我们经常看到教师煞费苦心地设计了一堂自认为很完美的信息化教学，精心地安排和运用了技术手段，然而在教学中却得不到学生的支持，无法与学生达成共识，最终事与愿违，事倍功半。因此，有效的信息化教学应关注教学交往过程中师生共同的体验、相互认识的心理倾向。

2. 信息化教学有效性追求什么——追求人的发展是信息化教学有效性的核心价值诉求

从开始至今，信息化教学大致经历了最初的热情追捧—理性思考—批判中发展等几个阶段，每个阶段人们的关注点和追求都有着不同的变化。由最初追求技术的先进性到现在关注应用的适切性和合理性，人们对信息化教学有效性的理解走过了一段由感性到理性的进化过程。如今，人们对信息化教学有效性的"有效追求"有了更深刻的理解。

人的发展始终是教育的终极目标，信息化教学有效性的目标应是促进教学中人的发展。从"人的发展"这一视角检视我们的信息化教学有效性，不仅要看学生掌握了多少内容、积累了多少知识，更要看我们的信息化教学是否对学生以后的学习和发展产生了影响，看学生在信息化教学中获得了怎样的实质性发展。这里涉及一个非常重要的方面——学生高级思维能力的发展。信息化教学环境为学习者的知识建构和高阶思维培养提供了良好的环境，其目标和价值追求就不能仅仅局限于学生知识的积累，更重要的是在信息化教学中追求人的高阶思维发展，注重学生适应信息化社会全面能力的培养。信息化教学不仅有效追求信息呈现的多样化、知识的增长等表面上的效益，更应该追求运用技术创设丰富的学习环境，促进知识的自主建构和高阶思维能力的培养，这才是信息化教学有效追求的深层含义。

有了这些思考，我们再次考虑课堂教学有效性的"有效追求"时，就必须弄清楚真实有效和虚假有效。真实有效主要指实现教学的实在价值，虚假有效主要指实现教学的符号价值。这两种价值的区分在很大程度上取决于教学评价思想，也就是如何评定教学价值。教学评价是教学价值取向的风向标，传统的教学评价被广为诟病的是其评价的绝对性和静态性，人们常常以是否达到教学目标来评判教学的成败，具体的实现方法就是以学生的直观表现和标准化的考试来甄别。而在信息化教学评价中，应摒弃这些缺点，注重人文性和发展性。有学者认为，信息化教学评价应坚持两个原则，即"多元评价"原则和"评价为了发展"原则。多元评价包括评价主体的多元化、评价方法的多样化、评价内容的多维化。发展性评价指我们在评价时以发展的眼光和发展的视角看待教学效果。这两个原则很好地阐释了信息化教学评价的思想和理念，对鉴别信息化教学有效性是很有意义的。在实践中，丰富的信息化教学形式为教学评价带来了多样的评价手段和评价技术，我们需要根据不同的信息化教学形式选择适宜的评价方式，兼顾过程性评价和总结性评价，不能仅仅以学生的课堂表现以及其表现出的兴趣和热情判断教学是否有效，而更应该注重信息化教学对学生后续的发展起到了多大的影响和作用。

人们在谈到教学中人的发展时，会惯性地认为此"人"就是学生，促进人的发展就是促进学生的发展。当然，这一点毋庸置疑，但从更为全面的角度看，有效的信息化教学应追求教师和学生的共同发展，这才是可持续的发展、生态的发展。前文说道，要实现交互主体性教学就要实现教师与学生双方的主体地位，如果教师的主体地位得不到体现，必将影响学生主体地位的实现。同样，信息化教学中，教师得不到发展，学生的发展也很难真正实现。试想，教师在信息化教学中只是疲于完成任务，其体验和价值实现得不到满足，那么这样的信息化教学很难带给学生持续的、全面的发展。因此，信息化教学有效性追求人的发展具有生态性，追求教学系统内主体之间的相互依赖和共同发展，以及整个教学系统的动态性、自主性，只有把学生的发展和教师的发展放到一个系统中认识，才能实现个体全面发展。我们在评判信息化教学是否有效时，不仅要看学生获得了怎样的发展，同样要关注教师在教育教学实践中是否不断地获得发展，当然，这种发展是多方面的，包括教师对信息化教学的认识、态度和情感，也包括教师的信息化教学能力的提升，如信息化教学设计能力、信息化教学方法的运用能力等，表现为能轻松自如地处理信息化教学中的各种问题，不至于为了搞好信息化教学而身心疲惫地完成任务。

（四）信息化教学有效性的实践理念与途径

信息化教学有效性的实现，是一个复杂的系统工程，需要多方面的支持和保障。信息化教学有效性的实现条件并不是简单机械地依据某条规律确定出某条原则，往往呈现着错综复杂的情况。这就要求我们从其内涵以及目标取向出发，全面考虑有效教学的原理和信息化教育的研究成果，综合概括地提出指导实践工作的基本要求。在对上述系统的理论思考及实践反思的基础上，我们认为信息化教学有效性的基本理念与途径应包括以下几点：

1. 生态的信息化教学观

受信息化教学的理论基础、影响因素、现实环境等多方面的影响，信息化教学实践注定是一个复杂的过程。在这种复杂的实践环境中，我们要实现有效的信息化教学，就必须全盘考虑各种"限制因子"，以全面、联系、平衡的思维看待信息化教学的有效性。整体观、联系观与信息化教学实践的复杂性不谋而合，它要求我们既不能漠视其中任何一个因子，也不能割裂各因子之间固有的联系，应以相互联系、和谐共生的思维和理念开展实践。以往的信息化教学实践思维常常是单向的、单一的，往往将有效性的取向和标准局限于某一个因子，如关注信息化教学的技术手段而忽视人，关注学生的发展而忽视教师的心理情感等，这样的实践给我们带来了现实的困境。事实上，作为一个以人的发展为最终目标的教育实践活动，信息化教学的复杂性和多样性毋庸置疑。因此，要实现有效的信息化教学，从生态观的视角审视和指导信息化教学的有效性就显得十分重要。生态观的主要观点体现在系统性、动态性、和谐共生等特征上，其观点和方法论对信息化教学实践具有很强的适切性，要求我们树立全面、协调、可持续发展的思想，促进信息化教学的有效发展、和谐发展。

2. 学教并重的交互主体性教学模式

在信息化教学的研究与实践领域，人们不断探讨新的信息化教学模式，但从现有的成果看，大部分属于以学生为中心的教学模式。这种教学模式较大地发挥了学生主体的作用，对改进传统教学起到了非常重要的作用；然而，它将教学活动交互双方的主体性片面地理解为学习者中心论，割裂了教学双边主体之间的交互特性，容易造成对教学的应有主体（教师）的漠视，这样不利于信息化教学的可持续发展，因此它显然不足以达到真正的有效。因此，我们探讨的有效信息化教学应是在重视教师和学生双方主体地位的基础上实施交互主体性教学模式。交互主体性教学要求我们所开展的信息化教学活动不能是一种单纯的主客体二元对立的活动，教师和学生在主体平等基础上应在信息化教学中产生联系，这种联系是多方面的，包括教学目的、教学内容、教学方式、教学手段等。

3. 动态开放的发展性评价原则

有效教学与有效评价是密不可分的，对信息化教学有效性的探讨离不开对信息化教学评价的思考。如前文所述，信息化教学有效性追求的目的是人的发展，那么我们评价信息化教学是否有效就要看信息化教学活动是否满足教与学双边主体的发展需要以及信息化教育教学发展的需要。信息化教学是一个动态的、不断变化的活动过程，它较传统教学而言充满了更多的不确定性和生成性，因此我们在评价中不能因为突出某一方面而以偏概全。

我们在评价过程中要坚持动态开放的评价原则。动态性要求我们不应过分注重教学结果的评价，而是注重教学过程的评价，注重信息化教学过程中教师与学生双方的满足感以及发展性。开放性要求我们在评估信息化教学有效性时坚持评价内容广泛性、评价方法多元性。信息化教学有效性的评价要面向教学主体发展，注重教学实践的长远需要。在信息化教学评价中，要充分发挥教师和学生双方的主观能动性，重视教学有效性与教师专业发展双重发展，建立一套发展性教学评价体系。

信息化教学的有效性，绝不是简单的教学目标的实现，也不能窄化为在多大程度上提高了教学效果。我们认识和理解信息化教学有效性时，应将它置于一个更为系统、更为深入的层面。信息化教学有效性关注的维度是交互主体性的实现，其核心价值诉求是追求教师和学生的共同发展。这些理论上的认识会对信息化教学的有效进行起到一定的指导作用。

第二章　信息化背景下大学英语教学的研究背景

第一节　信息技术的发展

第三次科技革命包含空间技术、原子能技术、电子计算机技术等的利用和发展。电子计算机的广泛应用，促进了生产自动化、管理现代化、科技手段现代化和国防技术现代化，也推动了情报信息的自动化。第三次科技革命带来了信息技术的飞速发展，掀起了信息革命。信息革命以互联网的全球化普及为重要标志。信息技术的巨大变革引发了新的技术变革，对社会发展产生了深远的影响。

当今社会处于数字化、信息化时代的转型期，新技术的快速发展和广泛普及对人的发展提出了更高的要求。在这个时代的转折点和关键点上，我们需要重新审视教育制度和教学模式，思考如何在教育教学中充分利用现代技术并最大限度地发挥技术的有效性。处于信息化潮流之中，教育目的之一必然包含能积极主动地处理信息、提高信息处理能力，即信息的获取、分析、加工等方面的能力，具备信息素养。

在工业革命之前，学徒制一直是最主要的教育形式。学徒制强调的是现场教学、个别化教学和代际间口传手授，教学发生在真实的工作场所中，徒弟在师傅的指导下学习和实操。学徒制培养出了具有高超技术水平的技艺人员。

工业革命的兴起使工厂的规模扩大，这样就亟需大量具有一定知识和技能的劳动力。近代资本主义的兴起要求广泛普及教育，扩大教育规模，提高教学质量和效率，迫切要求在短时间内培养出大批受过良好教育的劳动者。然而，传统的学徒制难以满足这一需求，班级授课制这一新型教学组织形式应运而生。班级授课制是一种以班级为单位，由教师按照固定的课时表安排，向固定的学生教授统一内容的教学组织形式。捷克著名教育家夸美纽斯在其著作《大教学论》中首次对班级授课制从理论上加以系统论证，使班级授课制确定下来。后来，德国教育家赫尔巴特对其进行了补充说明，使其得到了进一步完善。

分析班级授课制的基本特点，可以从中看出其顺应了工业革命之需，自创立以来，一直持续至今，在各个学段的教育中都发挥了非常重要的作用。第一，班级授课制有利于学生在有限的时间里掌握大量系统化的知识。第二，教师可以进行"一对多"教学，可以大规模地向全体学生进行授课，提高了教学效率。第三，班级授课制按照课程确定统一的教学进度和学习要求，在教学中管理学生按照统一的步调执行，教学管理更为高效，因此，班级授课制能高效地培养大量的人才，迎合了工业革命对大量劳动力的迫切需求。

随着计算机和网络信息技术的发展与广泛应用，当今社会已经步入了信息化时代。信息革命不仅要求我们具备一定的专业知识和技能，还提出了更高层次的发展要求，如熟练掌握信息技术，学会及时处理应急事件，拥有不同于他人的独特创想，能自主学习新鲜事物，敢于探索求知等。因此，信息革命对教育提出了更高层次的目标要求。然而，传统的班级授课制教学组织形式已经难以充分满足这一要求。

信息革命带来的新型理念冲击着人们的思维，提出的新要求促使人们要适时做出改变，终身学习和自主学习在当下备受关注。人人都应该接受终身教育，进行终身学习；人人都需要积极自主地、有选择性地进行学习，以适应时代的发展和满足自身的发展需要，从而更好地实现自我价值和获得完满丰盈的生活。

第一次教育革命发生在从农业社会到工业社会的转型时期，在工业革命的助推之下，教学组织形式由学徒制过渡为班级授课制。第二次教育革命已初见端倪，在信息革命浪潮的助推下，教学组织形式由班级授课制向终身学习、自主学习发展。通过简要梳理教育发展的历程，我们可以看出教学组织形式由手工学徒制到班级授课制再到现代的终身学习、自主选择学习的发展趋势。

第二节　数字化时代的到来

以信息技术为枢纽的数字信息化形式是当前世界经济转型的典型表现，在信息技术冲击下，未来的社会将逐步向扁平化演进，在这种扁平化趋势影响下的全球分散式信息，将会形成基础设施。因此，未来每一个人都必须具备理解当今全球性知识的基础技能。可见，以互联网为支撑的产业革命让科技生产者处于创新人才链的源头位置。具有丰富的知识构成，能自我获取新兴科技和探索未知领域的创新人才成为这个时代的领军人物，这些人才是在互联网上能灵活运用各种科技知识的综合人才。

面对这样的人才需求，在讨论全球教育改革思潮时，有学者认为之所以各国不约而同围绕经济展开激烈竞争，这都与新的信息技术发展密切相关，正是新的信息技术发展才使产生知识、信息处理与沟通技术成为生产力的来源，更是在全球范围内迅速更新了原来的教育模式。在教育领域，信息技术带来了个性化、智能化、定制化等新的学习理念，从而推动了新的学习方式的产生。新的人才培养将以新技术与信息技术融合创新为手段，注重人们学习能力的发展。这不仅是顺应社会的发展，也是满足人类全面发展的需要。

一、学习方式的变革

（一）学习方式

传统的学习方式主要是教师对学生的单向传输过程，学生需要在规定时间内按照统一要求达到测试要求，学习路径呈同质和线性发展趋势。如今，信息技术让知识以网状化状态进行传播和应用,具有强烈的时效性和前沿性。这些碎片化的知识点来源于人们任意时间的意义表达,需要学习者用多元化思维思考。学习内容不再局限于教材,获取知识的途径和时间更趋于个性化,真正实现了"以人为本",成为构建学习型社会的重要组成部分。信息技术创造了跨越时空的扁平化交互式教育平台,消除了全世界人们之间的距离。新的学习结构由传统金字塔型转变为分散网络型,围绕教学目标进行时时信息交流,使教育与世界交融。从这种意义上说,信息技术体现出在任何时间和任何地点为人类需求提供服务的价值取向,这种跨越为全球化学习打下了坚实基础。基于不同领域新技术的个体组合所形成的交互平台见证了人们通过互联网形成的交叉知识链接的协同学习结构。

(二)学习环境

新形势下的学习环境已从教室延伸到对全球领域横向体验的共同学习环境中,提升了个人对全球变化的分布式体验。从课内到课外、从学校到家庭、从国内到国外,传统的面对面的师生讨论实现了可扩展和可选择的大教育状态,突破了师生间传统的主从关系,对学习具有深远意义。以互联网为代表的信息技术让移动学习、微学习、泛在学习等一系列数字化学习不断涌现,开拓了教育的多种渠道。这些渠道使人们之间的同步与异步交流得以实现,不断缩短着人们与教育环境的距离,刺激了教育者去拓展新的学习环境设计,使"时时、处处、人人皆学"成为现实,从根本上营造出前所未有的全新学习环境。资源共享、多重交互、自主探究、协作学习等具有的智能化、快捷化、超链化等特征使学习者感同身受。客观世界的一切变化过程,为人们提供了"技术、环境与人"相互协调的教育生活空间，使人的生命本质在教育生活中得以彰显。

教育发展的历史与现实表明教育的终点就是要回归生活，教育的本质就是人的生命实践。从这种意义上说，信息技术让教育环境获得了工具性、生活性和文化性的多重诠释，使信息技术拥有了人类和社会的生命和文化等多种价值取向，贴近了生活，也走向了更加具体的生命实践，使生活和学习融为一体，形成了一种高度智能的信息化学习生态环境。

二、教学方式的变革

古希腊时期苏格拉底和柏拉图采用诘问法或辩驳式提问法教学；洛克认为教师对儿童实施形式教育要有坚实的经验基础，通过经验教学使儿童掌握深层次的概念；裴斯泰洛齐创设了"实物教学法"；从儿童身心发展角度看，卢梭对爱弥儿的教育采用了自然教育的方式。上述教学理论和方式，没有随着时间而消逝，而是在不断改进中为我们所采用。随着科学技术的不断发展，教育理念也在不断更替，从以往的以教师为中心到后来的以学生为中心，从以往单一的课程到现今多样的课程选择，从以往的死记硬背到现今的个性化发展，无一不体现着教育的与时俱进。在科技如此高速发展的今天，以往的教学方式和技术已经不能满足现代学生的需要，因而改革势在必行。

在多媒体技术还未产生之时，教师在课堂上教授知识一般采用口头描述或在黑板上记录的形式。但这种方式不能很好地将教师所讲的知识清晰、全面、深刻地传递给每一位学生。有时，教师为了讲解一个数学公式的由来，需要写满一黑板，耗时较长。随着多媒体技术在教育中的应用，教师在讲课时将知识以"数字化"的形式存入电脑中,再通过多媒体教授给学生,使学生更为直观地了解这一知识。另外,远程教学也是教学方式的一大新突破,它使每位学生都可以通过网络学习到优质的教学资源,如网易公开课,国外很早就开始采用远程教学方式,如函授教育,这一教学方式突破了时空的局限,使优质的教学资源可以在更广的范围内为大多数学生所共享,使优质资源的效益最大化。

教学方式在教育过程中起着至关重要的作用。在英语教学中,英语教师教学方式的优劣,直接关系到学生对英语知识学习的优劣。要强化信息技术的应用,提高教师应用信息技术的水平,更新教学观念,改进教学方法,提高教学效果。教师需要借助现代的数字化技术为自己的教学增姿添彩,不应固守前人的教学方式一成不变。事实上,这并不是对已有教学方式的冲击,也不是摒弃陈旧的教学方式,而是在原有的基础上进行一些变革,使之能更好地适应现在的社会。众所周知,我们现在已处于信息化时代,因此教学也应该具备这一时代的特征。

三、数字化时代课堂教学变革的现实困境

数字化时代的到来,对英语课堂教学来说无疑是一次千载难逢的机遇,但同时也昭示着英语课堂教学将迎来一场空前的挑战。因为在数字化时代背景下,我们在英语课堂教学实践中遇到了诸多现实困境,亟待我们逐一解决。

(一)传统教学手段的缺位

自从现代信息技术被引入课堂教学领域,人们便纷纷追求教学的现代化取

向,甚至产生了对现代教学媒体的过度依赖现象。较为严重的现象是当前很多教师只有在现代教学媒体辅助下方能完成教学,如经常有教师反映由于停电而不能上课,因为忘记带U盘而无法借助课件进行正常教学。

显然,这种对现代教学媒体的过度依赖反映了现实教学的另一个极端现象,即在现代课堂教学中传统教学手段严重缺位。事实上,传统教学媒体如书本、黑板、粉笔、挂图、画册、模型、实物、小型展览等在教学上具有很多优势,也是现代教学媒体无法替代的。例如,粉笔加黑板的板书式教学在凸显教学直观的同时兼顾师生间的有效互动,这是多媒体教学无法替代的。教师可以通过对板书速度的控制,调整对学生的管控。这种互动方式不仅能很好地吸引学生的注意力,还能留给学生足够的思考空间。况且,良好的板书设计也是体现教师魅力的关键所在。

传统教学媒体具有很多现代教学媒体所不及的优势,如成本低、便于移动,在教学运用中对教师和学生的技术性知识的要求不高,适应性强,易于操作。正如有学者所言,在选择传统教学媒体时,对学生、教师、教学条件、媒体特征、媒体效益等因素考虑较少,而在选用现代教学媒体时这些因素是必须充分考虑的。

(二)"手脑"并用的机会减少

数字化时代,由于计算机的广泛运用,人们的手写功能逐渐被键盘输入所代替,造成人们"手脑"并用的机会逐渐减少,不利于学生的健康发展。根据神经学的相关研究,写字是一个复杂的功能,依赖于一个庞大的神经系统网络。普兰汀等人对1995—2012年使用脑功能性磁共振成像和亚电子发射计算机断层扫描方法涉及写字过程的 18 篇论文进行了分析，结论确认了"书写脑"的存在。然而，在数字化的今天，文字的输入方式从手写到键盘输入的简化，不得不说人类正面临一场书写危机。这场危机一方面表现为人的"手脑"并用的机会减少，"书写脑"的功能得不到很好的发挥而逐渐削弱。另一方面由于键盘输入简化了人们手写汉字时所特有的对汉字内部结构的复杂处理的程序，在很大程度上丢掉了汉字更多丰富的表意性的信息。

（三）虚拟世界的道德缺失

数字化的典型特征就是为我们构筑了一个超越现实的虚拟世界。英语课堂教学中师生的互动场所从现实的基于教室的课堂延伸至超越现实的虚拟课堂，师生之间的互动模式从直接的"人—人"互动模式发展为"人—机""机—人"或"人—机—人"等多种互动模式。因此，人的道德意识和道德情感在这个虚拟课堂中无法得到保障，有学者在研究数字化背景下大学生的人文素质时直接指出："学生在网络中隐瞒自己的真实身份，创设虚假角色，容易造成信任危机。一旦学生处在这种具有非社会性质的隐蔽的网络氛围之中，由于缺乏道德感和责任感，造成'精神真空'和'道德真空'，最终将导致人格的扭曲。居高不下的网络犯罪，层出不穷的反科学的、不健康的信息污染，令人胆战心惊的电脑黑客等，都让人们深切意识到数字化时代的人文危机。"[①]

（四）"真"与"假"呈乱象趋势

在数字化时代所设计出的虚拟世界的明显特征就是"真"与"假"并存。"真"是因为它是源于现实的，是对现实存在的经验化的结果，其存在的本质是借助

---

① 闫娜. 数字化时代的人文精神危机与构建[J]. 理论月刊, 2004(12): 120-122.

"数字化"构造一个"真实"虚拟的而非想象、虚假的信息传播与交流的平台;"假"是因为它与现实并非同步存在,它是对现实存在的虚拟仿真。这个虚拟世界所不可规避的"真""假"乱象趋势,在具体的英语课堂教学中则主要表现在三个方面:一是教学内容的虚拟化。数字化时代的英语课堂教学总是习惯于将真实的客观知识经验转化为虚拟世界的"真实"存在。比如,模拟自然灾害中自救、大火中逃生等,虽然类似的教学内容是虚构的,但是反映的自然规律是真实的,达到的教学效果是真实的、合理的。二是师生间的互动交往融入了虚拟存在的媒介。在数字化时代背景下,师生间的互动交往活动早已经超越了面对面的交往,而是将真实的人际交往行为经验化为虚拟存在并延续到虚拟世界里持续进行。三是教学场景的虚拟化。数字化已经发展到有足够的实力设计一个完全虚拟的英语课堂场景,就某个真正的现实问题进行课堂讨论,实现在真真假假、虚虚实实中完成英语课堂教学任务。

四、数字化时代英语课堂教学变革的历史机遇

数字化时代的到来,为教育事业的发展带来了翻天覆地的变化,尤其给英语课堂教学带来了极大的影响和冲击。比如,由于数字化的影响,传统的师生之间以教科书为中介的简单的互动模式已经不能满足当前信息浪潮下的实际需要,更值得关注的是数字化的引入为英语课堂教学开辟了诸多从未涉及的新领域。当然,这种影响和冲击既是英语课堂教学研究与发展的历史机遇,也是英语课堂教学改革与创新面临的新挑战。其面临的历史机遇主要表现在下列六个方面:

（一）激发了英语教学理念的创新

英语教学理念是英语教师在英语教学实践中形成的对教学的基本观点和根本看法，以及在此基础上形成的相对稳定的思想和观念体系。英语教学理念至少包括三层意思：第一，它是一种思想观念，即不同于人们的具体教学实践的一种主观认识体系。第二，它源于英语教学实践，由英语教师在教学实践中不断概括而成。第三，它是对有关英语教和学活动的内在规律的总体认识。可见，英语教学理念的发展与变化总是基于人们的教学实践的发展和变化。数字化的引入对现实的英语教学活动提出了诸多新的要求，如数字化背景下英语教师必须会操作电子产品，能认识和接受从现实世界到虚拟世界的变化等。这必将引起旧的英语教学理念与新的英语教学条件不相适应等情况，在无法抵制数字化所带来的新的、具有绝对优势的教学条件的冲击时，我们只能从观念认识上做出改变，改变我们对待教学活动的态度，即变革和创新我们的英语教学理念。

（二）打破了英语教学思维的瓶颈

英语教学过程作为一种认识活动，是人们的思维逻辑过程逐渐展开的结果，这就决定了英语教学思维在教学活动过程中的决定性意义。这里的英语教学思维是指师生基于英语教学实践活动而引起的关于英语教学活动的各种思维方式、过程和结果的总和。显然，数字化时代的到来，为师生的教学思维开辟了一片新天地，拓宽了英语教学思维的对象世界。在英语课堂教学领域，人们原有的关涉课堂教学活动的思维方式发生了根本性的变化。由于数字化世界所构筑的赛博空间里的存在是基于现实而又超越现实的存在，因此导致了认知思维同样可以在源于现实而又超越现实的情境下无限制地遨游于赛博空间。

（三）超越了英语教学时间的局限

在传统意义上，基于空间的认识，英语课堂主要指进行教学活动的教室；而基于时间的英语课堂则是持续40~45分钟的教学过程。数字化时代的今天，英语课堂教学有了新的定义，教室不再是学生接受知识的唯一场所。比如，翻转课堂颠覆了传统课堂中接受知识、课后内化知识（通过作业复习巩固）的模式，将学生接受知识的过程提到课前，由学生自主学习完成，课堂中则通过探究、讨论等方式解决学生接受知识过程中所遇到的种种困难。

（四）引起了英语教学结构的变化

英语教学结构是在一定教育思想、教学理论、学习理论指导下，在某种环境中展开的，由英语教师、学生、教材和教学媒体相互联系、相互作用而形成的英语教学活动进程的稳定结构形式，它将决定英语教师按照怎样的教育思想、教学理论与学习理论组织教学活动进程。从传统的英语课堂教学结构来看，主要有以教师为中心的教学结构、以知识为中心的教学结构和以学生为中心的教学结构。随着数字化时代的到来，英语课堂教学结构主要从以教师为中心和以知识为中心的教学结构形式转向以学生为中心的教学结构。在英语课堂教学的教师、学生、教材和教学媒体这四要素中，计算机辅助教学模式所支持的是英语教师在教学媒体的作用下教教材，即通过信息技术把知识传递给学生。可见，计算机辅助教学模式是支持传统教学模式的。在数字化环境下的"E学习"则是以学生为中心的，即教师和信息技术都作为学生直接面对知识的媒介，其中，英语教师起指导和帮助作用，而信息技术起支持和辅助作用。

（五）实现了英语教学方式的变革

数字化时代改变了传统的粉笔加黑板式的英语教学形式，实现了现代化教学手段支撑下的"虚拟+现实"的新型英语教学形式。在传统英语教学中，由于条件的限制，主要使用的教学方式是讲授式、讨论式、问答式、表演式等。而在数字化背景下，英语课堂教学方式有了诸多新的变化。为了适应数字化教学环境的需要，英语教师在探索教学方式时，离不开计算机网络技术的支持，有人甚至认为没有融入现代信息技术的课堂是不合格的课堂。可见，数字化时代的英语教学方式的变革与创新的核心是对现代信息技术的充分运用，或者说是对现代信息技术的依赖。在现代化信息技术的支持下，英语课堂教学方式变革的维度至少包括三个方面：一是信息技术的运用推进了英语课堂教学方式在质上的变化，如师生之间的直接对话中介入了一个虚拟场景，这种虚拟场景能避免很多教学交往中的尴尬局面。二是信息技术的运用实现了英语课堂教学方式在量上的变化，如可以通过云技术进行多面展示，通过技术设计开发教学软件，通过网络平台实现英语在线学习和咨询等。三是信息技术的运用实现了时空维度上的拓展，即促进了英语课堂教学方式在结构形态上的变化，传统英语课堂教学主要采取讲、听、练、考等单向推进的方式，而进入数字化时代后，英语课堂教学主要采用自主、合作、探究等方式综合进行。

（六）改变了英语教学评价的方式

数字化时代的英语课堂教学不仅在教学理念、教学思维、教学时空、教学结构和教学方式等方面存在系列变化，在英语课堂教学评价上也存在变化。在英语课堂教学评价上，数字化信息技术的运用使英语教学评价的方式更加开放、多元。在数字化时代里，引起英语课堂教学评价方式发生改变的原因是多方面的，概括起来大致有两点：一是传统的英语教学评价方式已经不足以适应新型课堂教学结构的变化。在现代化信息技术的支撑下，英语课堂教学需要引入数字化的虚拟世界，这不是简单的考试和分数所能涵盖的，而是需要借助现代化信息技术进行精确的数据测量和分析，如虚拟仿真实验的引入和运用等。二是随着现代化信息技术的运用，大量新型社会评价方式逐渐为师生所青睐。

当然，我们在英语教学过程中不能盲目地选取和运用这些新型社会评价方式，必须遵循一定的原则。首先，应该遵循新型社会评价方式的教育性原则，即引入新型社会评价方式的目的是促进学生身心和谐、健康发展，而不是赶时髦。其次，应遵循综合性原则，即这些评价虽然在一定程度上能吸引学生的注意力，激发学生的学习兴趣，但往往优势也正好隐藏着自身的不足，如网评本来是一件方便快捷的好事情，但由于缺乏面对面的交流而可能导致评价的虚假和恶搞等；因此，必须综合多种评价形式，取其均值，以将评价中由于个人偏好而造成的不真实成分控制在有限范围。最后，应遵循人文关怀性原则，即评价方式的修正性原则，当我们在运用现代新型社会评价方式进行评价时，必须考虑教学实际，顾及个体感受，不能因为评价而伤及某位教师或某个学生。

五、数字化时代英语课堂教学变革的路径反思

毋庸置疑，数字化的应用给我们的英语课堂教学带来了颠覆性的变化。那么，面对机遇与挑战，我们究竟应该怎样做才能更有效地使数字化信息服务于英语课堂教学呢？对此，笔者认为可从下列几个方面思考：

（一）切实转化师生的教学主体性角色

在传统英语教学条件下，师生之间的互动交往模式主要是基于现实课堂教学的"人—人"交往模式，师生之间有且只有直接面对面的交流。显然，在这种有限的条件下，英语课堂教学主要是以教师为中心或以知识为中心的教学结构形式，英语教师组织教学的目的主要是尽可能高效率地将知识传递给学生，学生则完全处于等待接受、被动吸收的状态，此外，英语教学资源也主要源于教材和教学参考书。随着数字化资源的引入，这种英语课堂教学结构发生了根本性的变化，英语教师不再享有对知识的绝对优势权，师生交往所借助的客观知识（教学内容）也不再局限于单一的教材，学生也不再是被动学习者。这就需要处于英语课堂教学中的师生必须切实转化各自的教学主体性角色。

从英语教师主体角度来说，理应改变以"我"（教师）为中心的教学态度。开放、丰富的数字资源早已超越了教材的局限，学生获取知识的渠道也不仅源于教师或单一的教材。因此，英语教师应该做的是为学生获取更多知识提供方便，帮助学生在浩瀚的知识海洋里尽可能快速地获取需要的信息。

从学生主体角度来说，在这个丰富多彩的信息世界里，那种等待接受、被动吸收的"享乐主义"角色已经不复存在了。为了适应变幻莫测的数字世界，学生需要积极、主动地获取知识信息。

（二）谨慎对待数字化时代的英语教学变革步调

数字化激起了当今英语课堂教学潮涌似的变化，但是变革不能一蹴而就，仍须循序渐进，谨慎为之。我们在认识和接受数字化时代引起的课堂教学变化的同时，需要谨慎对待数字化时代的英语教学变革步调。一方面，数字化世界淡化了我们对现实、对直接经验的亲历需求，虚拟数字世界所呈现的仿真经验往往是经过加工、处理、选择后相对完美的经验，很容易让涉世未深、缺乏辨别能力的学生产生虚拟世界的东西才是自己真正需要的错觉。另一方面，数字化世界所存储的大量信息在带给学生更多方便、快捷的同时，大大增强了学生对网络搜索的依赖，而这正在悄无声息地夺走学生独立思考问题的能力。虽然数字化世界变幻莫测、多姿多彩，使我们疲于应付、应接不暇，但也正是这种多样性、超现实性刺激了我们不断改革与创新的神经，使我们不得不主动自我调整而去适应时代的发展需求。因此，我们所说的"谨慎对待数字化时代的英语教学变革步调"，实质上是想告诉大家"既要埋头拉车，更要抬头看路"。在面对虚实相济的数字世界时，我们不能一味跟风，要紧扣英语教学实际，循序渐进地进行英语教学改革；我们应该极力克服畏难情绪，乘风破浪，勇于探索和创新，致力寻求英语教学改革与时代发展的契合点，深入教学实践，不断反思与总结经验，让英语教学实践成为衡量改革成效的根本标尺。

（三）建立匹配数字化时代教学变革的辅助系统

为了让数字化时代的英语课堂教学变革顺利进行，我们在付诸实际行动的同时，也要思考如何合理有效地进行。我们可从四个方面建设该辅助系统：一是提高思想意识。数字化已经成为时代发展的必然趋势，我们应该清楚地意识到在此背景下，进行英语课堂教学变革势在必行，否则，英语课堂教学将难以满足数字化时代下学生追求知识的强烈欲望。二是加强科学研究。面对数字化时代带来的英语课堂教学的机遇与挑战，既不能因为它是一次机遇就绝对信赖地往前冲，也不能因为数字化时代抛给英语课堂教学太多的挑战而畏缩不前。我们需要把握好变革的步调，有目的、有计划地进行英语课堂教学变革，加强对数字化时代英语课堂教学变革与创新的科学研究，防止课堂教学的改革被浸没在虚拟世界的陷阱中。三是注重实践探索。英语课堂教学变革不能盲目跟风、人云亦云，更不能只停留在纯理论的思辨与妄想之中，而是应该深入英语课堂教学实际，进行实践反思与创造，不断追求进步。四是拟定相应的政策文件。一方面赋予师生进行课堂教学变革的应有权利；另一方面制定相应的规章制度，既起规范之效，又有监督之力，从而确保英语课堂教学改革的顺利进行。

（四）重新界定英语课堂教学的时空概念

数字化时代带给英语教学的变化是显而易见的，尤其值得注意的是其引起了英语课堂教学在时空上的变化。在数字化时代，英语课堂教学正以非常快速的步伐从主要关注现实世界走向关注现实与虚拟相结合的二重世界。因此，若想全面深刻地理解当前的英语课堂教学，必须对英语课堂教学的时空概念做出数字化时代的重新解读。否则，传统意义上对英语课堂教学的理解必将束缚着数字化时代赋予英语课堂教学全新的意义。基于这样的思维逻辑，我们提出"泛课堂教学"的概念。只有在"泛课堂教学"理念的包容下，数字化时代的英语课堂教学时空观念才能有准确合理的定位，同时为大家思考数字化时代的英语课堂教学提供一种全新的思维视角，以激起大家更多的关注和思考。

第三节　信息技术与大学英语教学的融合发展

在信息化社会，由信息资本决定社会生产关系变化，人们需要不断获取支撑自己生存发展的信息资本，而英语就是人们获取各类信息资本的工具之一，掌握一门英语以准确获取知识信息正成为当代人的日常需要。人们希望更加便捷地学习英语，于是大量共享网络英语学习资源和"慕课"等在线课堂应运而生，这也使得英语学习人群包括在校学生都不再安于课程、课堂和既定教材的传统学习方式。21世纪的英语教育形式，正在向"无所不在""随时随地"和个性化的泛在学习转变，英语教育的信息化革命已经悄然来临。

在网络信息化急速发展的情况下，我国大学英语课堂教学存在诸多的变量影响因素，主要包括内部因素、外部因素以及处境因素。内部因素具体包含教师、教学理论、元认知与教师专业发展。教师本身的成长经历、学习经历属于一种固化因素，其固化体现为不可改变性，能对教师的教育思想以及教育方式等造成重大的影响。在大数据背景下，丰富的资源为教师提供了改革的途径，同时，新技术的出现使学生具有了多种选择，对教师的教育思想以及方式的转变也提出了新的要求。

因此，教育部于2012年3月发布了《教育信息化十年发展规划（2011—2020年）》（以下简称《规划》），该规划在"信息技术对教育具有革命性影响"的思想指引下，强调推进教育信息化体系建设，提出既从教育也从技术的双向角度，全力推进信息技术与学科教育深度融合创新。《规划》指出，教育信息化在对教育起到支撑作用的同时，需要更多地强调它对学科教育变革的引领性作用，即教育信息化要革新各学科教育的主流业务，而不是利用教育技术作为各学科教育的一种辅助手段。《规划》强调要利用教育信息化打破我国教育创新的发展瓶颈，为此需要"加快教育信息基础设施建设""加强优质教育资源开发与应用""构建国家教育管理信息系统"。《规划》要求教育信息化要与我国教育现代化发展进程相适应，要为我国教育现代化事业做好支撑，成为教育现代化进程中的核心组成部分。《规划》明确教育信息化体系不是单纯的基础设施建设，而是一种总体协调运行的能力体系建构，它不仅包括硬件基础设施，还包括应用软件系统、数字教育资源、管理信息系统、人才队伍、制度保障等全部教育现代化的发展要素。

由此可见，《规划》的核心理念是使信息技术真正进入学科教育并发挥其无可替代的核心作用。为了实现这一战略目标，教育信息化建设就必须告别之前"建网、建库"等以硬件建设为中心的思维定式，善于利用既有网络信息技术环境和共享服务资源，实现学科教育的变革与创新。以硬件为中心引领的思路是首先建设硬软件，然后为了推动硬软件的使用，再配套资源，开展培训、调整制度、开展服务等，而以应用为核心的思路则是先调研实践应用以及人的发展需求，围绕需求问题的解决，形成实际问题解决的能力体系。毫无疑问，英语教育改革也需要关注"推进信息系统从孤立走向连接与整合，实现从独立系统到集成化的综合服务的转向"，需要从关注个别学校的实验转向推进整体区域的规模质量效益，从关注技术教育应用的表面转向各学科教学质量和促进学生学习质量的实际提高，从关注短期行为转向关注可持续发展。

总之，从教育实际出发研究英语教育规律，我们不难认识到，面对信息技术时代扑面而来的优质英语学习资源和开放共享的在线课堂，英语学科教育的信息化诉求正日趋强烈，传统英语教育的功能性质必然发生革命性的转变。

第四节 信息技术在大学英语教学中的作用

一、信息技术在大学英语教学中的作用

信息技术指导下的英语教学能够优化英语教学媒体,提高英语学习的互动性,创造多样化评价方式,创设真实的英语学习情境,提升学生的兴趣和自主性。

1. 丰富英语教学媒体

在传统大学英语教学中,教师根据教学内容,通过英文板书、英文教材、英文课件、英文录音、英文视频等教学媒体开展英语教学活动。一定程度上,这些教学媒体有利于准确传授英语语言知识信息(如语法、拼写等),但对于诸如口语表达、跨文化交际等更高级别的英语综合技能,却难以承载和延伸。信息技术指导下的英语教学媒体则呈现了多样化的形式,除了上述传统媒体外,还包括在线教学平台下的云课堂、云计算,人工智能技术下的移动 APP、计算机软件,虚拟仿真技术下的虚拟情境实验、人机交互平台等,这些教学媒体能够提供高仿真的语言体验,锻炼学生实践型语言知识技能;创造语言情境互动,锻炼学生认知能力和场景适应能力;设计多元化操练项目,提高课堂趣味,提升学生自主学习的积极性;呈现生动的、立体的教学画面,使学生了解英语国家相关文化和背景知识,培养其跨文化交际能力和综合语言应用能力。

2. 提高英语学习资源传递的效率

在传统的大学英语教学中,英语学习资源传递的途径主要有两种:一是学

生从教学材料中获取信息，二是学生从教师处获取信息。这两种途径往往依靠课堂教授、课下答疑和学生自学的方式完成，存在信息量小、速度慢、受时间和空间限制等问题。而英语属于技能类学科，学生必须通过大量的语言输出和应用才能习得和掌握相关知识。因此，英语学习对信息的传递途径和效率有较高的要求。

信息技术能够满足培养英语综合语言应用能力的要求，它具有速度快、承载力强等特点，能够在短时间内快速、大量地传递语音和文字等语言信息（如视觉输入信息，包括英语教材、课件、图片、文字等；再如视听输入信息，包括英语短文和对话视听材料、英语报道、英文影视材料等），并运用语音识别软件、智能写作软件、语音批改软件、人机交互的英文对话系统等途径快速处理语言信息，从而提高教学效率，提升学生英语语言综合素养。

3. 促进英语学习的互动

语言学习的根本机制在于个体参与知识产生的真实情境，并通过与实践共同体及环境的互动实现知识的建构。由此可见，英语学习需要不断地互动和输出才能使语言技能得到提升。然而，传统的英语教学缺乏真实的语境和情境，以静态的、封闭的、传统型学术教学模式为主，缺少师生交流、生生交流。大部分课程如《大学英语语法》《大学英语阅读》《英语文学》《英语语言学》等，往往以教师讲授为主、学生参与为辅的模式进行，除了专门的"英语视听说""英语口语""英语写作"课程，学生极少有语言输出的机会。而英语信息化教学实现了师生之间、同伴之间对信息实时交换和反馈的需求。学生能够通过网络平台、移动APP等工具上传英语作业、讨论英语问题、发表英文观点，能够在与教师的双向交流过程中锻炼英语口语、英语写作等语言输出技能。另外，除了与教师、同伴的语言交流，学生还能利用计算机进行人机互动。在口语方面，计算机借助语音系统，能够识别、评价学生的口语质量并给予回复和反馈，实现英语口语互动；在写作方面，计算机借助文字、语法系统，能够识别学生的文字产出，并从表达目的、框架结构、语言使用等方面对作文进行批改，实现文字的沟通。这两种形式，不仅给学生带来了学习上的便捷，还能帮助他们摆脱时间和空间上的束缚，随时随地进行英语的输出训练。同时，信息技术也节省了英语教师的时间和精力，节约了英语教学成本。

4. 拓宽英语学习的评价方式

首先，在评价主体方面，传统的教学主要以教师为主，软件和机器极少甚至不参与学生的学习评价。而英语信息化教学将评价主体由单一的教师拓展到融合教师和信息技术为一体的多元化评价体系。比如，对于英语作文，教师可以在学生提交作业后，上传至"批改网"进行评分。该网站可以准确地统计作文的字数、平均词长、高频词汇占比、学术词汇占比、超纲词汇占比、篇章连词、动词短语、段落数、从句数和连词数量等数据，并从语法、句法、词汇的使用、语言框架、语篇内容等方面对作文做出客观的评价，提出科学的改进建议。同时，它还能将作文篇章分解为独立的句子并进行逐句解析：对于拼写错误，它能够指出并加以改正；对于用词不当，它能够发出警示；对于表达不得体的情况，它能够推荐合适的表达；对于易混淆的词汇和短语，它能够显示学习提示，提醒学生注意意思相近，但用法不同的表达；对于词、句搭配，它能够搜索语料库，提供拓展辨析。随后，教师在"批改网"初步修改的基础上，进行人工检查和二次批阅，查漏补缺，信息技术和教师相结合的评价方式极大地缩短了作业反馈的时间，提高了反馈的质量和效率。

5. 创设真实的英语学习情境

语言学习是一种社会意义建构的过程，学生与其身处的社会文化环境交互、沟通是英语学习的重要途径。因此，真实的学习环境对英语学习者来说至关重要，但是，传统的英语学习环境难以满足学习者对真实情境的需求，比如，对于英语听说技能类教学，英语听说交流具有即时性、口语性等特点，学生在交际过程中无法预知对话的内容，往往需要依靠临场发挥，这对他们的语言能力、认知能力、场景适应能力、稳定的心理能力都有较高要求。然而，传统的教学环境与现实需求脱节，缺乏语言交流的真实情境，以静态的、封闭的、传统型学术教学模式为主，忽视了对学生在真实场景下认知能力和应变能力的培养。再如，对于英语跨文化交际类教学，它需要在真实的语言场景和文化背景下才能取得更好的效果，跨文化交际能力的培养要与本族语者进行双向实时互动。但是，由于传统英语语料、交际情境以及师资等条件的限制，学习者的联想思维和过程参与的积极性不能被有效激发，对文化知识个体性的意义建构和文化差异本质性的准确阐释也就难以顺利实施。

相反，英语信息化教学能够利用信息技术，模拟真实世界的语篇、语境、情境，在语音识别、情绪体验、心理应激等方面建构真实的语言交际情境，建构情境英语教学模式。

6. 提升英语学习的兴趣和主动性

在传统的英语教学中，学生往往处于被动的位置。教师讲授、学生听讲已经成为固有的教学模式。这种模式往往枯燥、乏味，不利于英语学习兴趣的激发和自主能动性的培养。

相反，在英语信息化教学中，教师能够利用信息技术来丰富教学活动，拓宽知识的传递形式，从而使学生对英语的关注度和积极性得到提升。比如，在信息的传递方面，教师可以通过手机移动应用和线上学习平台发布课程信息，上传课程内容，使学生全面地了解课程的体系；通过微信、钉钉、腾讯会议等社交媒体发布问题、发起讨论，使学生即时参与沟通互动；在教学活动方面，教师可以通过虚拟仿真技术设计有趣味的仿真实验和项目操练，帮助学生在游戏中学习；通过"英语趣配音"和"英语流利说"等口语软件布置学习任务，训练学生的英语发音和表达能力。这些信息技术指导下的英语学习工具具有立体形象的视觉画面、生动有趣的操练设计、及时准确的学习反馈，能够从视觉、听觉、感觉等方面吸引学生的注意力，调动他们的学习兴趣和参与度；同时，正因为英语信息化教学不受时间和空间的限制，所以学生可以根据自己的水平和进度选择学习材料、安排学习时间，实现学习的个性化和自主化。

二、大学英语教学原则

1. 信息原则

在整个宇宙中，信息无处不在。在信息理论中，信息、物质、能量是客观世界的三要素，三者处于同等地位。语言作为信息的载体，具有记录世间万物、传播信息的重要功能。人们学习语言的目的就是传递信息、传承文明。儿童在早期学习语言的过程中，就知道如何通过单词、短语来达到向周围环境传递信息的目的。信息的这些特点为大学英语教学带来启示：教师在教学过程中也应当帮助学生掌握信息传递的正确方法，并以此为基础开展信息教学。比如，在教授词汇时，教师可以重点介绍词汇所蕴含的文化信息。例如，"Dragon"在西方多为邪恶的化身，它作恶多端，在文学作品以及影视作品中常常以负面的角色出现；而"龙"在中国却是吉祥、幸运、高贵的标志，常常被中国人奉为神灵。"White"在西方是一种神圣、纯洁的颜色，白色的花在葬礼，甚至在婚礼、君主的加冕礼上都会被用来当作装饰；但是在中国，白色往往是一个禁忌词语，白花绝不能被用于喜庆活动，因为它寓意着死亡、枯萎。

随着人类信息传播方式的变革，即从口语到文字、从文字到电子，再从电子到网络的变化，信息交流成功地打破了时空的界限，使人类知识经验的积淀和文化传播的质量都得到了前所未有的提升。相应地，在大学英语教学中，信息的快速传播能够让英语学习者学会从口语交际、文字阅读、电子视听、在线网络中快速搜集和捕捉需要的信息。因此，教学信息原则应当成为大学英语教学的主流原则。

2. 意义原则

世间万物都由形式和内容两部分构成，这两个部分既互相联系又互相影响。语言也不例外，语言的形式与其反映的意义是互为依存的关系，形式为语义的传播媒介，语义为形式的实质所在。但社会的发展和人类文明的演变都会导致词汇意义的扩大。有学者提出，词汇意义生成过程既复杂又多元，同一个词既可以派生出相似却又不完全相同的含义，还可以派生出截然相反甚至毫不相关的多种含义，因而具有异常宽泛的可解释性。在教学过程中，我们经常遇到这类词，比如，"ball"既能表示"球"，也能表示"舞会"；"book"既能表示"书"，也能表示"预订"；"right"既能表示"右边"，也能表示"正确"。那么，如何准确地掌握并判定单词所蕴含的语义呢？路德维希·维特根斯坦针对此问题提出了"意义即使用论"，即强调意义的判定要依据具体使用过程和使用环境下结论。如此，在英语教学中，根据上下文推断语境才是英语教学成功的核心。因为脱离语境的、孤立的语言形式在一般情况下难以准确地表达说话者的完整思想。所以，词汇只有遵循语言规则，排列成词组和句子，并被放置于特定的情境之中，才能够传递准确的意义。由此，大学英语教学中的意义原则必不可少。

3. 思维原则

思维是人脑对客观生物间接的、概括的主观反映，它包括综合分析、概括比较、归纳演绎、逻辑推理等能力。语言是思维的实践，具有直接现实性。它是人类交流思想活动时必不可少的工具，因此思维离不开语言。大学英语教学属于高层次、高水平的教学活动，其教学的核心目的在于挖掘语言材料所承载的信息及衍生意义，从而促进学生语言思维能力的提升。所以，思维原则自然成了大学英语的教学原则之一。

由此可见，上文阐述的信息原则、意义原则和思维原则真实、全面地反映了大学英语课程大纲所要求的教学理念。这三大教学原则并非孤立存在，而是相互依赖、相辅相成的。信息是客观物质世界必不可少的要素，它无处不在。语言是传递信息的主要手段，语言的形式与其所反映的意义互为依存。同时，语言又是思维的工具。英语教学的过程主要包括输入英语信息、通过思维对输入信息进行处理和输出英语信息三个部分，其中思维就充当了全过程的核心。

以上三条原则分别对应了学生获取知识的能力、独立思考的能力以及自主创新的能力。因此，只有在教学过程中积极遵循这些原则，才能实现全方位英语人才的培养。

三、信息技术在英语教学中的应用

当前，由于现代信息技术的快速发展，它在教育领域发挥的作用也愈加凸显。比如，英语信息化教学媒体逐渐实现了数字化，教师可以利用信息手段将原来以教材形式存在的各种英文文字、图表、数据转化为清晰明了的数字化教学资源，并把图文、语言、影像等多种信息资源融合为一体，以此来满足学生视听说等多种感官的需求，提升其学习英语的兴趣，为有计划地开展教学、达到理想的教学效果提供有利条件。再如，教学手段在信息化作用下衍生出了多种教学功能，包括开展网络团队研讨、师生互动、作业评价、网上学习和阶段测评等。这些交互式教学，使信息不再局限于以往的教师对学生的单向传递，学生也可以反向传递给教师。信息化实现了教学信息的多向交互，促使师生之间进行即时的互动交流，赋予了师生平等的地位并培养了学生自主学习的能力。因此，大学英语教师在进行教学规划和教学设计时，应将英语教学与信息技术充分结合。同时，教师在建构教学内容的过程中，也需要思考信息技术的应用和呈现方式。

比如，课前预习是英语课堂教学中的重要环节，而通过对信息技术的应用，使得课前预习的方式更加多元化，学生的学习兴趣得到激发。例如，在对"Passing the Torch"一文进行教学时，教师在设计课前学习环节时就可以借助信息技术手段整合教学资源，通过在线教学平台，组织学生在课前提前观看教学视频——《一项关于不同时代背景的人是否拥有不同梦想的访谈》，同时安排他们独立思考、小组讨论并完成相应的在线练习。这不仅能有效地激发学生的学习兴趣，培养学生自主学习的能力，促进团队合作，也能为课内的教学提供有效铺垫。再如，在实际教学过程中，教师经常会碰到类似问题：某些难度大的知识点，即使通过课内分析和课后补充，仍有部分学生无法完全理解；但是，如果在课内花过多时间讲解，上课的效率就会大打折扣；如果通过课后答疑的方式，由于教学班人数众多，为了照顾到每一个学生，往往需要花费教师大量的时间和精力。为了切实解决上述问题，教师可以借助诸如微课等信息技术，在课前录制相关知识点的短视频，并上传至课程平台或通过社交媒体发送给学生，使他们能够在课前、课后反复观看。由此可见，利用信息技术并结合教师的面授讲解，学生对于学习重点和难点的把握就会更加充分。

在教学过程中，信息技术与大学英语教学融合的另一个具体方面在于它能够实现海量数据的统计分析。在成绩梳理过程中，教师通过信息技术所呈现的数据信息，可以详细地分析学生的个人成绩和总体情况（如课堂参与度、作业完成情况、英语阅读的数量、英语单词的背诵量、跟读的质量、英语作文的完成情况），并得到横向和纵向的有效数据，为后续教学的开展提供指导和依据。

在传统的教学中，教师经常会把经典课程录制成影像资料进行保存，但由于缺乏网络传播和共享平台，教学资源难以实现反复利用。然而，随着科技的进步和发展，在信息技术辅助下的云端课堂已逐步实现。它有利于学生自主学习，可以提高学习的针对性和有效性。以"中国大学MOOC（Massive Open

Online Courses）网"为例，在该网络教学平台上，英语教学资源实现共享，学生和教师不仅能够接触丰富多样的优秀教学案例和课堂设计，还能够突破时间和空间的限制，随时随地进行移动式学习。

正因为信息技术在英语教学中发挥了巨大的作用，英语信息化教学对大学英语教师也提出了更高的要求。第一，教师要树立正确的英语学科教育教学观念，科学地设计教学内容和流程，合理地选择教学方式，使英语教学顺利开展。第二，教师要具备信息技术的相关理论知识，掌握信息技术的操作技能，有效地发挥信息技术工具的作用。第三，教师在将信息技术应用于英语教学过程时，并不是要时时使用，也不是要处处使用，而是需要把握合适的尺度，适时、适量、适当地使用信息技术。如果应用过少，信息技术的作用难以有效发挥，教学效果也会大打折扣；但若应用过量，又会使学生应接不暇，导致喧宾夺主。因此，教师应恰如其分地将信息技术融入英语教学，科学有度地调动学生的注意力和兴趣。第四，教师要在教学实践中不断摸索、发现大学英语教学与信息技术的融合之处，并在实践中不断检验"技术＋英语"的合理性和科学性，总结经验，从根本上发挥信息技术的优势和作用。

下面我们将对信息技术支持下"英语视听说"课程平台的建设思路和应用以及混合式教学模式融合于大学英语课程教学的建设思路进行简要介绍。

（一）信息技术支持下"英语视听说"课程平台的建设思路
1."英语视听说"课程综合实践教学平台建设的背景

"英语视听说"课程综合实践教学平台的建设是基于教育部提倡的跨学科课程改革、进一步深化学校本科教育教学改革、打造一流本科教育等理念，通过构建"专业＋双创"深度融合的课程体系，推进学科交叉融合、产学研合作、国际化教育、专业学科深度学习等多维培养，着力培养工具理性与价值理性兼备、复合知识与核心能力（思想力、学习力、行动力）兼备、家国情怀与全球视野兼备的"三创型"（创新、创造、创业）文科新型人才。

此平台的建设强调以下几方面内容：（1）课程建设以目标导向、内容驱动为原则，课程设置遵循专业知识技能化、课程模块特色化、课堂教学技术化、课程设置融通化。（2）强调教师"教"的主导地位以及学生"学"的主体地位。（3）强调课堂信息量的输入：利用线上、线下混合模式，提供大量的英语学习资源。（4）强调多维度评价方式：线上、线下评价相结合，师生评价、生生评价相结合，形成性评价和终结性评价相结合的多元化评价。（5）强调学以致用，培养英语学习的工具性功能。（6）强调组织开展公开课、观摩课，提高教师专业学科素养和教学水平。

2. 信息技术支持下"英语视听说"综合实践教学平台的特色及亮点

（1）课程教学的高阶性

"英语视听说"课程综合实践教学平台的建设有利于知识、能力、素养的有机融合，培养学生解决复杂问题的综合能力和高阶思维。具体为：①帮助学生了解中外世界观、价值观、思维方式等方面的差异，培养学生跨文化意识，提高学生社会语言能力和跨文化交际能力。②实施线上、线下混合教学，借助平台开展翻转课堂，培养学生听、说、读、写、译等语言技能，帮助他们学习英语基本知识，拓宽国际视野，提升综合文化素养。③注重表达得体性、灵活性及会话策略的训练，培养学生用英语准确流利地表达思想、观点和意见的能力。

（2）课程教学的创新性

"英语视听说"综合实践教学平台的课程内容反映了前沿性和时代性，教学形式体现了先进性和互动性，学习效果具有探究性和个性化。具体为：①开展口语思维训练，培养学生口语表达能力和实用有效的听、说、读、写、译的能力，帮助他们掌握通用英语以及用英语进行专业学习的能力。②每周做英文读书报告，听懂并能够用英语进行学术类或日常生活类话题的讨论和对话。③制作数字汇报故事，拓展学生人文内涵和学科内涵，以内容为依托，提高学生英语水平和综合文化素养，为学生借助英语拓展专业发展提供条件，使他们达到用英语传播知识和交流文化70的要求，以适应我国社会发展和国际交流的需要。④帮助学生打下扎实的语言基础，掌握良好的语言学习方法，使其具有较强的英语应用能力和综合文化素养，以适应社会发展和经济建设的需求。

（3）课程教学的互动性

①课程利用大数据网络驱动课堂教学，实时收集平台数据分析学情，并对课堂教学进行问卷和线上学习的成果分析，最终形成系统性的数据汇报，解读和运用学生的学习表现数据，反馈教学效果，有利于加强教师与学生之间的实时互动和沟通。②课程的开展和实施不仅需要教师参加学术会议，学习使用网络平台，不断提升自身的教学水平，还需要教师进行团队教学合作，集体教研，从而促进教师间的互动沟通、取长补短。③课程的建设能够促进院系间、学校间、国际的交流合作，加强现有英语专业的建设。

3. 信息化"英语视听说"课程建设目标

建立课程团队，对"英语视听说"实训课程大纲进行修订，并制作课程的授课教案，开发教学案例，编写课程习题集，最终完成"英语视听说"实训双语示范课程建设工作，推进课程内容、教学方法和教学模式的改革创新，通过学习使学生能够在提高语言能力的同时，进一步巩固"英语视听说"课程各个环节的专业知识，掌握视听说基本技能，提高英语的实践能力。具体目标为：（1）以教材为基础的语言教学：基于教材内容，深入挖掘教材教学理念，提升学生英语听说能力以及语言的综合运用能力。（2）充分调动学生的学习积极性：指导学生根据"英语视听说"课程的背景和学术兴趣选定研究课题，组成小组团队，围绕项目进行资料搜索，并完成相关的视频制作以及口语演示陈述，提升学生参与讨论、发表观点以及获取信息的能力。（3）加强和拓展学生学术英语运用能力，合作、探究、思辨和创新能力：培养学生口头陈述和演示学习成果以及参与英语交流和讨论的能力，提升他们在专业学习上运用英语解决实际问题的能力。（4）上课形式多元化，加强学生在课堂中的主体地位：教师将投入更多精力来研究课程设计和教学，从而增加学生的英语输出训练，提高学生参与课堂任务活动的积极性。

4. 信息化"英语视听说"课程建设内容

（1）课程建设内容及实施路径

其一，课程大纲编写：根据本校原有课程教学大纲，结合示范课程的专业要求和市场需求，对课程大纲进行修订和完善。其二，课程教案编写和课件开发：以国家级规划教材为参照，进一步增加"英语视听说"课程教学的实用性内容。

根据课程教学流程的需要编写各章教案，并在教案完成的基础上由教师给出专业意见与课件，在课程实施中及时收集授课教师和听课学生的反馈意见，不断对教案加以优化和完善。

（2）课程教学平台建设及实施路径

①教学案例开发：结合每章教学内容开发案例，通过案例引入，对学习内容进行进一步引导、启发、归纳和总结，以激发学生的学习兴趣，最终形成对知识的深层次理解；根据整体教学内容，适时开发典型教学案例，应用于课程开设的期中和期末，力求通过综合典型案例分析，最大限度地提升学生对于知识的综合运用能力和在实践中解决实际问题的能力。②开发"英语视听说"课程教学平台：其一，课程平台涵盖各章知识要点。平台将全面涵盖教学大纲所规定的知识点，并突出重点和难点。其二，课程平台难易程度。平台的知识点和相应练习能够覆盖教学大纲要求，并且有难易层次的区分度。课程练习将结合主观和客观考查题，包含判断题、选择题，以及对话和场景口语练习等。

（二）混合式教学模式融合于大学英语课程教学的建设思路

1. 我国大学英语课程教学现状

目前我国大学英语课程教学所存在的主要问题可概括如下：

（1）课程教学模式单一，普遍还是在线下的传统课堂里进行，并且以教师的讲授为主

近年来，虽然教育界一直在呼吁并要求英语教师倡导以学生的自主学习为中心的创新教学模式，探索英语教学与现代教育技术的深度融合，但由于教师固有的教学理念以及对现代教育技术难以驾驭的实际困难，或某种程度上的怀

疑甚至排斥等心理因素，以学生的个性化学习为中心的线上线下结合的混合式教学还没有真正得以应用与实施。目前，许多教师的微课作品及信息化教学只是为了参赛进行建设，内容缺乏系统性，也很少真正地反哺于教学。

（2）课程教学内容单一，缺乏个性化的体现

目前，我国高校学生从统一的起点学习同一本大学英语教材，学生只能被动地接受教师讲授的主要来自教材的教学内容，教师讲什么，学生学什么，可供学生个性化学习和自主选择学习的机会和教学资源少，造成了英语基础好的学生"吃不饱"，英语基础差的学生又"吃不消"的现象，久而久之，相当一部分学生失去了对英语课程学习的兴趣。

（3）课程考核形式单一，缺乏激发学生英语学习的激励机制

由于所有不同需求的学生都必须通过基于指定教材内容的大学英语课程考试才可以获得课程的学分，但课程考试不同于水平考试，英语水平好的学生不一定能通过基于某一本教材的课程考试，同样，课程考试得高分的学生不一定是英语语音语调标准、英语应用能力强的学生。这种单一的大学英语考试导致了教师所传授的教学内容与学生实际水平有偏差，教师要求学生通过的考试与学生实际想通过的各类英语水平考试在考试大纲要求上有差异，从而阻碍了部分学生学习的内在动力。

2. 混合式大学英语课程建设的背景和意义

要积极发展"互联网+教育"，全力推动信息技术与教育教学的深度融合，鼓励教师利用信息技术提升教学水平、创新教学模式，利用翻转课堂、混合式

教学等多种方法用好优质教学资源。另外，2015 年，由教育部高等学校大学英语指导委员会组织制定并初步完成的《大学英语教学指南》的一个特点就是提出了要构建大学英语课程体系、大学英语课程综合评价体系和英语能力测评体系的新思路，推进现代信息技术与大学英语课程的融合，实现有效教学。而教育部在 2018 年发布的《普通高等学校本科专业类教学质量国家标准》也降低了语言技能课的比例，以语言技能训练为主的传统的大学英语课堂教学模式必须改革。由此可见，在当今互联网和现代信息技术高度发达的新时代，高等教育教学与互联网和现代教育技术的有机融合是一个不可逆转的发展趋势，英语学科也不例外。

3. 混合式大学英语课程建设的主要内容

本研究以建构主义语言学为理论指导，对现有的大学英语教学从教学理念、教学模式、教学内容与教学评价等方面作综合改革，将慕课、微课和翻转课堂等形式的线下教学模式与传统的线上课堂教学模式相结合，变单一的线上课堂教学为线上线下相结合的混合式教学；教学内容变单一的教材内容为多元化、立体化教学资源；让不同要求的学生在线上自主选择相关的教学资源，如微课、慕课等，反复学习各自所需要的有关英语语言知识的微课和慕课等，根据学生自身的英语基础与职业发展规划进行有计划的、个性化的学习。具体课程建设内容如下：

首先，转变英语教学的思想理念、切实树立以学生为中心的教学理念。教师的语言观及教学思想直接影响到教学的设计以及教学活动的开展，因此任何教学改革首先是要更新教学理念，改变传统的以教师为中心、学生被动接受知识的教学现象，树立语言学习必须以学生为中心的理念，充分认识英语教学与互联网和现代教育技术深度结合的可能性与必要性，变课程学习为英语技术教育研究，将大学英语从单纯的课程教学上升到英语教育技术学科的层面。

其次，建构信息化教学模式，实施能够为学生提供"时时可学、处处可学、按需而学"的线上线下相结合的混合式创新教学模式。充分利用互联网、课程配套的线上教学资源和先进的现代教育技术，将语言知识性的内容，如英语语音知识、英语日常口语、基本的语法知识、英语写作技巧、阅读策略与翻译技巧等制作成教学视频，以微课等视频类课程的形式发布在教学平台上，让学生按需选择并自主学习；线下的课堂教学以答疑、讨论以及语言应用的实操、测评与分析为主，实施线上线下相结合的混合式教学模式。

最后，设计信息化教学内容，变单一的教材内容为多元化、立体化的教学内容。大学英语课程的教学内容由纸质教材和系列视频类课程教学内容两部分组成，教师在日常的课程教学中尽量围绕新时期国际化人才与国内外考研对英语能力的要求，培养学生的英语交流能力、人际交往能力、分析问题和解决问题的能力。课前将教材的教学内容结合配套的教学课件交给学生，由学生在课外先进行自主学习，课堂中以答疑、讨论和语言的应用为主要方式，同时，教师精心制作"英语语音知识""英语日常会话""英语语法知识""英语阅读技巧""基础英语写作"与"翻译基本原理"六门系列微课，向学生提供丰富的教学材料，以便让学生根据自己的发展目标按需选择材料，进行个性化的学习。

4.混合式大学英语课程建设的主要目标

（1）教学团队建设目标

建设一支由一线的青年教师为主力军的、有较新的教学理念、精湛的教学技能和顶尖的现代教育技术驾驭能力的教学团队，以确保教学改革的可持续性发展。

（2）教学模式研究目标

建设一种以线上的慕课、微课、翻转课堂和线下的课堂教学深度融合的混合式创新教学模式，以学生的个性化自主学习和英语应用能力的提升为目的，建立一种新型的师生关系，由教师研发、制作并不断改进教学材料，学生自主按需选择教学材料，进行个性化英语学习。

（3）线上课程建设目标

精心制作"英语语音知识""英语日常会话""英语语法知识""英语阅读技巧""基础英语写作""翻译基本原理"六门课程的微课，让来自全国各地、英语基础参差不齐的学生，通过在线自主反复观看上述微课，使学生最基本的英语技能达标，进一步消除学习英语的瓶颈和"拦路虎"。

（4）教学效果建设目标

学生通过反复学习线上的系列英语知识性微课和线下用英语进行讨论与交流，提升自身的英语应用能力，让自己的英语语音更加标准规范、英语语法等知识更加系统牢固、英语表达更加自信流畅，从而具备国际化人才和国内外考研的英语能力。

5.混合式大学英语课程建设的创新之处

（1）教师授课范式的创新

教师将慕课、微课和翻转课堂等形式的授课模式与传统的课堂授课范式相结合，实施线上线下相结合的混合式授课模式，教师将微课、慕课和翻转课堂等教学内容的设计制作与课堂上给学生的答疑、语言应用与测评有机结合。

（2）学生学习范式的创新

学生可以根据自己的发展目标按需在线上选择由教师提供的丰富的教学材料，带着问题在课堂上与教师和同学开展讨论与交流，进行线上线下相结合的个性化学习，力争实现"时时可学、处处可学、按需而学"的学习新范式，培养和提高自己的自主学习能力与创新思维能力。

第三章　大学英语教学中多媒体应用实践

第一节　媒体与多媒体

一、媒体及其特性

媒体有两层含义：一层含义是指信息的物理载体（存储和传递信息的实体），如书本、挂图、磁盘、光盘、磁带以及相关的播放设备等。另一层含义是指信息的表现形式（或传播形式），如文字、声音、图像、动画等。计算机媒体是针对后者而言，即计算机不仅能处理文字、数据之类的信息，而且还能处理声音、图形、图像等各种不同形式的信息。

教育媒体、教学媒体是特指在教育教学信息的传递过程中，师生双方用来交流教学信息的一切工具。二者在教学意义上是一致的，有所不同的是前者范围较广泛，后者一般指学校教学和学生学习活动中的信息。它们都包含了传统的和现代的各类媒体。

一般而言，我们可以把媒体分成如下五类：

（1）感觉媒体。指直接作用于人的感觉器官，使人产生直接感觉的媒体。如引起听觉反应的声音，引起视觉反应的图像等。

（2）表示媒体。指传输感觉媒体的中介媒体，即用于数据交换的编码媒体。如图像编码、文本编码和声音编码等。

（3）表现媒体。指进行信息输入和输出的媒体。如键盘、鼠标、扫描仪、话筒、摄像机等为输入媒体；显示器、打印机、喇叭等为输出媒体。

（4）存储媒体。指用于存储显示媒体的物理介质。如硬盘、软盘、磁盘、光盘等。

（5）传输媒体。也称传输介质或传输媒介，它是数据传输系统中在发送器和接收器之间的物理通路。它可分为两大类，即导向传输媒体和非导向传输媒体。

综上所述，信息通常是需要通过一定的物质载体来表示的，这些用来表示信息的物质载体被称为信息媒体，简称媒体。在教学实践中，可用的信息媒体种类很多，最常见的媒体包括声音、图像、文字、数据等。不管媒体的具体形态是什么，它们所表达和携带的都是信息，从这个意义上讲，它们是一个统一的整体。

"多媒体"，顾名思义是"多种类媒体的综合"，重要的问题是怎样"综合"的以及"综合"后的效果是怎样的。在学校教育技术的发展过程中，教师们发现，把多种媒体结合起来教学，比只使用单一媒体教学更能优化课堂教学，因此应用系统观点设计的"多媒体组合"课堂教学一度成为教育技术的热门话题。这个意义上的"多媒体"从形式上看是多种单一媒体的合理有序的组合，从效果上看是媒体之间取长补短形成优化效果，应用范围不局限于改进课堂传授式教学。

这里讨论的"多媒体"是指多种媒体信息综合处理的结果，具体地说，是具有多种信息表现形式的一个媒体系统。相应的"多媒体技术"就是一个能够对多种媒体信息进行综合处理的技术，它是以计算机为中心，把语音技术、图像技术、电视技术、通信技术等集成在一起的一体化技术。确切地说，多媒体技术是以数字化为基础，能对多种媒体信息进行采集、编码、存储、处理和表现，使之成为有逻辑联系的整体，并具有良好交互性的技术。在实际使用中，人们常常将"多媒体技术"简称为"多媒体"。利用多种媒体综合协调地表示多种类型的信息，则称为多媒体信息。从技术发展和社会进步的趋势来看，单媒体的信息服务将逐渐转变为多媒体的信息服务。

（一）媒体的延伸提高了人的感觉能力

人的感官受到诸多的局限，例如，人眼的视觉只能感受可见光波谱范围，这种局限实质上影响了人的认识能力。媒体的延伸作用，可以补偿这种局限，可将事物由小变大、化快为慢、由远及近、化动为静，以提高人的感觉能力。

（二）媒体的延伸打破了感官刺激的习惯

由于媒体的延伸，促使人的感官平衡发生变动。例如，电影是通过导演创作以及剪辑将并不连贯的镜头经过编辑形成一部完整的有机组合的影片，并通过画面的明暗、色彩和音响等方式"强迫"观众的视觉、听觉器官接受这种"完整的有机组合"。当然，感官是按镜头组合的顺序受到刺激作用。但是，我们知道电影需要展示同一时间发生的两条平行的情节线，以及要运用倒叙、穿插等蒙太奇手法，在媒体延伸作用的影响下，感官刺激的习惯平衡被打破，不再是按顺序接受传递的信息，而是需要建立新的平衡，即复合、立体地认识"完整的有机组合"。

（三）媒体的延伸赋予媒体功能以互补性

媒体的延伸方向不同，导致媒体与媒体之间的互补，但难以替代，即两种媒体传递的信息对人的感官刺激可以用延伸来互补。例如，书本可以用文字符号详尽地描述以供分析、研究；而活动的图像利用形象的语言提供大量的信息，但却是稍纵即逝，无以查考。这两种延伸正好可以互为补充，前者提供完整细节，后者提供形象。

二、多媒体素材及集成工具

多媒体素材是指多媒体课件中所用到的各种听觉、视觉材料。一般地，根据素材在磁盘上存放的文件格式不同，可将素材划分为文本、声音、图像、动画、视频等种类。

由于计算机不能直接识别照片、录音带、录像带中的信息，为了将它们当中所包含的信息转换为计算机能够识别的课件素材，需要专门做一些工作。通常将从现有的各种资料中提取信息，转换、加工为多媒体编辑工具可以引用的素材的过程，称为多媒体素材的采集与编辑。由于文本素材的制作比较简单，下面仅对声音、图像、动画、视频等多媒体素材的主要特点和文件格式作简单介绍。

（一）声音素材

在多媒体课件中，语言解说和背景音乐是课件的重要组成部分。按照声音的内容不同，可以将多媒体课件中的声音划分为解说、效果音与音乐等类型。

声音素材的常用文件类型包括以下四种：

（1）波形声音文件

波形声音是 Windows 操作系统下的标准数字音频，它是对实际声音的采样。因此，它可以重现各种类型的声音，包括噪声、乐声，以及立体声、单声等。该文件的扩展名为"WAV"。

波形声音的主要缺点是文件的容量较大。例如，以 16 位量化级、44.1kHz 采样率进行采样的 1 分钟单声道声音文件可达 5MB。因此，它不适合记录长时间高质量的声音。

由于原始声音数据量太大，我们的解决方法之一是利用硬件或软件方法进行压缩，另外一种方法是适当降低音质。例如，对于一般人的声音，使用 8 位量化级和 11.025kHz 采样率就可以比较好地进行还原，这样可以将数据量降为原来的 1/8。

（2）MIDI 文件

MIDI（Musical Instrument Digital Interface）文件即乐器指令数字接口文件，文件扩展名为"MIDI"，文件中的数据是一系列指令。它将乐器弹奏的每个音符表示为一串数字，用来代表音符的声调、力度、长短等，在发声时，经过声卡上的合成器将这组数字进行合成并通过扬声器输出。

与波形文件相比，MIDI 文件的容量要小得多，因此在多媒体课件中的应用较广泛。它的主要缺陷是表达能力有限，无法重现自然声音；另外 MIDI 文件只能记录有限的几种乐器的组合，如许多中国民族乐器的乐声就不能记录。

（3）MPE GLayer 3 文件

它是目前最流行的声音文件格式之一，因其压缩率大，在网上音乐、网络可视电话等领域应用十分广泛，但音质与 CD 唱片相比要差一些。该文件的扩展名为"MP3"。

（4）CD Audio 文件

它是音乐 CD 唱片所采用的文件格式，其扩展名为 CDAO，该格式文件所记录的是声音的波形流，音质纯正；缺点是无法编辑，并且文件太大。

（二）图像（图形）素材

一般来说，图像格式大致可以分为以下两大类：

第一类是位图类，以二维点阵形式来描述图像。

第二类是矢量图类。它在绘制线条、矩形、圆形等基础上去列建图像。矢量图像实际上是存储了表示许多单个对象的一系列指令。一般来说，矢量类图像的表达细致、真实，缩放后的分辨率不变，同时，它所需的存储空间也比较小。

在介绍图像格式前有必要先了解几个主要指标：分辨率、色彩参数、灰度等。图像的分辨率包括屏幕分辨率和输出分辨率，前者用每英寸行数表示，数值越大则质量越好；后者衡量输出设备的精度，以每英寸的像素点数表示。图像素材的常用文件类型包括以下三种：

（1）BMP 格式

BMP（Bit Map Picture）格式是 Windows 使用的基本图像格式，是一种位图格式文件，用一组数据（8 位至 24 位）来表示一个像素的色彩。大多数图像软件（如 Windows 下的画笔软件）都支持 BMP 格式。BMP 格式文件的规模比较大。

（2）GIF 格式

GIF（Graphics Interchange Format）格式是目前互联网上使用最普遍的图像文件格式之一，主要用于在不同平台上进行图像交流传输。GIF 格式文件的压缩比较高，文件规模较小，但它仅能表达 256 色图像。目前的 GIF 格式文件还支持图像内的小型动画，它使得网页看起来生动活泼。

（3）JPG 格式

JPG（Joint Photographic Experts Group）格式也称 JPEG 格式，是一种十分流行的图像格式。它采用了 JPG 方法进行压缩，因此文件可以非常小，而且可以通过降低压缩比来获得较高质量的图像。但 JPG 格式是一种有损压缩，因此不适宜存储珍贵的图像资料或原始素材。

（三）动画素材

动画是由一系列的图像画面组成的队列，画面中的内容通常是逐渐演变的，因此在播放动画时给人的感觉是画面中的对象在变化和运动。

Flash 是较为流行的动画格式，Flash 文件的扩展名为"SFW"。与 GIF 和 JPG 格式的文件不同，Flash 动画是由矢量图组成的，不管怎样放大、缩小，它还是清晰可见的。Flash 动画的文件很小，便于在互联网上传输，而且它采用了流技术，能一边播放一边传输数据。交互性更是 Flash 动画的迷人之处，可以通过点击按钮、选择菜单来控制动画的播放。

（四）视频素材

视频素材也称影像素材，它是指在多媒体课件中所播放的一种既有活动画面又有声音的文件。一般来说，视频画面的质量比动画要差一些，因此它不可能完全取代动画素材。

视频素材的常用文件类型包括以下四种：

（1）AVI 视频文件

AVI 是 Windows 使用的标准视频文件，它将视频和音频信号交错在一起存储，兼容性好、调用方便、图像质量好，缺点是文件体积过于庞大。AVI 视频文件的扩展名为"AVI"。

（2）MPG 视频文件

MPG 文件家族中包括了 MPEG-1、MPEG-2 和 MPEG-4 在内的多种视频格式。通过 MPEG 方法进行压缩，具有极佳的视听效果。就相同内容的视频数据来说，MPG 文件比 AVI 文件规模要小得多。

（3）DAT 视频文件

"DAT"是 VCD（影碟）或卡拉 OK 类 CD 数据文件的扩展名。虽然 DAT 视频的分辨率只有 352×240 像素，然而由于它的频率比 AVI 格式要高得多，而且伴音质量接近 CD 音质，因此整体效果还是不错的。

（4）RM 和 ASF 视频文件

RM（Real Video/Audio）和 ASF（Advanced Streaming Formal）是目前网络课件中常见的视频格式，又称流（Stream）式文件格式。它采用流媒体技术进行特殊的压缩编码，使其能在网络上边下载边流畅地播放。上述格式视频文件的播放软件主要有 Real Player 和 Windows Media Player 等。

（五）素材集成工具

多媒体素材集成工具也称多媒体创作软件，是一种能够把文本、声音、图像、动画、视频等素材集成为一个交互式多媒体作品（或课件）的工具软件。

多媒体创作软件通常提供一个"所见即所得"的编辑环境，所有素材均可以直接引入该环境中并根据需要设置其属性。在多媒体创作软件的编辑环境下，可以对软件的总体结构进行删除、复制、粘贴等操作，因而大大提高多媒体软件的制作效率。

多媒体创作软件按其对多媒体素材的安排与组织方式的不同，大致可以划分为基于页面的工具、基于图标的工具、基于时间的工具三种类型。

三、计算机多媒体

多媒体技术是现代科技的最新成就之一，多媒体技术的应用已遍及国民经济与社会生活的各个角落，给人类的生产方式、工作方式乃至生活方式带来巨大的变革。由于多媒体具有能同时呈现图、文、声、动画、活动影像等多种信息和交互性的特点，因而能提供理想的教学环境，对教育、教学过程产生深刻影响。

多媒体的处理技术是指用计算机对各种媒体信息进行获取、编辑、存储、检索、展示、传输等各种操作。一般而言，具有对多种媒体进行处理能力的计算机可称为多媒体计算机。多媒体计算机系统把多种技术综合应用到一个计算机系统中,实现信息输入、信息处理、信息输出等多种功能。一个完整的多媒体计算机系统由多媒体计算机硬件和多媒体计算机软件两部分组成。

1. 多媒体计算机的硬件

多媒体计算机的主要硬件除了常规的硬件如主机、软盘驱动器、硬盘驱动器、显示器、网卡之外,还要有音频信息处理硬件、视频信息处理硬件及光盘驱动器等部分。

(1) 音频卡

用于处理音频信息,它可以把话筒、录音机、电子乐器等输入的声音信息进行模数转换(A/D)、压缩等处理,也可以把经过计算机处理的数字化的声音信号通过还原(解压缩)、数模转换(D/A)后用音箱播放出来,或者用录音设备记录下来。

(2) 视频卡

用来支持视频信号(如电视信号)的输入与输出。视频卡可以对模拟的视频信号进行采样,对数字化的图像数据进行压缩与还原。

(3) 采集卡

能将电视信号转换成计算机的数字信号,便于使用软件对转换后的数字信号进行剪辑、加工和色彩控制。还可将处理后的数字信号输出到录像带中。

(4) 扫描仪

将摄影、绘画作品或其他印刷材料上的文字和图像,甚至实物,扫描到计算机中，以便后期进行加工处理。

（5）光驱

电脑是用来读/写光盘内容的机器，也是台式机和笔记本电脑中的一个常见部件。随着多媒体的应用越来越广泛，光驱也成为计算机的标准配置。光驱可分为 CD-ROM 驱动器、DVD 光驱、康宝、蓝光光驱和刻录机等。

2. 多媒体计算机的软件

多媒体计算机的操作系统必须在原基础上扩充多媒体资源管理与信息处理的功能。多媒体编辑工具包括文字处理软件、绘图软件、图像处理软件、动画制作软件、声音编辑软件以及视频编辑软件。

多媒体应用软件的创作工具可帮助应用开发人员提高开发工作效率。它们大都是一些应用程序生成器，将各种媒体素材按照一定的形式进行组织，形成多媒体应用系统。

四、网络多媒体

多媒体与网络结合，即网络多媒体，成为教育领域一个新兴的重要的教育技术模式。网络赋予多媒体更加广阔的发展空间，多媒体技术在网络环境中发挥着越来越重要的作用。

多媒体通信技术是多媒体技术和网络通信技术相结合的事物。理想的多媒体通信方式是指人们可以在任何地点、任何时间通过网络进行多种媒体信息的交流。

在丰富多彩的信息社会中，传统的语言通信已远远不能满足人们对信息传送的需求，人们迫切需要通过视觉直观地获得多种图像信息，从而产生了图像通信。通常，图像通信可分成两大类：一种是记录型通信，如传真、电子邮件等；另一种是影像型通信（用屏幕显示），如电话、电视会议等。

网络多媒体把信息的采集、处理、存储、传输和显示、控制技术高度一体化地综合在一个系统之中，并且将各种新的信息技术不断地融合其中。所以无论从人类社会对网络信息服务的多媒体需求角度出发，还是从信息技术综合发展的角度来看，网络与多媒体技术融合而形成的网络多媒体，既是计算机网络系统发展的必然趋势，也是多媒体技术发展的必然趋势。网络多媒体实际上就是多媒体信息采集技术、多媒体信息处理技术、多媒体信息存储技术与多媒体信息显示、控制技术高度综合形成的网络系统，它大大增强了计算机网络的服务功能，更好地适应和满足人们对各种网络信息服务，尤其是远程教学的需求。

（一）网络多媒体的发展

与其他许多先进技术一样，网络多媒体也经历了从单一到综合、从简单到复杂的逐步发展过程，并且还将不断地向前发展。

首先，多媒体技术的发展在通信、计算机、视像等领域扩张了系统功能，提高了系统性能，产生了很好的经济效益和社会效益，并为网络多媒体系统的形成和发展提供了技术基础。

其次，计算机网络也有其发展过程。虽然它一开始就把各种信息技术综合在一起，但它在相当长的时间内主要是对比较单一的数字数据信息进行综合采集、处理、存储和控制。如今计算机网络已经发展成为现代社会信息网络的重要基础设施,各种多媒体技术的发展,以及计算机网络本身综合技术水平的提高,使各种分别发展的多媒体技术与计算机网络信息技术综合起来形成网络多媒体系统,成为社会信息化发展的必然趋势。一体化不是指将各种多媒体技术在计算机通信网络中简单地集合在一起,而是根据计算机网络系统的总体目标和网络系统功能、性能的总体要求,统一设计和规划的多媒体技术与计算机网络中的采集、处理、存储、传输和显示控制技术的结合。已有的各种多媒体技术,有的可以直接利用,有的需要进一步改进和发展,还有的则可能需要被淘汰或重新设计。最终,多媒体技术与计算机网络融合而形成的多媒体计算机网络,将是一个功能更强、性能更高、用户界面更好、应用范围更广的新一代计算机网络系统。

(二)多媒体网络技术的发展趋势

首先,在人机交互界面上,以文字、图形、图像、声音等人性化多媒体综合信息的形式提供各种网络应用服务,特别有利于非计算机专业人员方便地使用网络,扩大网络的应用范围,增强计算机网络的开放性。这是当前发展多媒体计算机图像网络的基本目标和要点。

人性化多媒体信息还将在常规的视听信息基础上逐步向三维视觉、立体听觉、质感触觉及嗅觉等更逼真的虚拟现实环境发展。通过多媒体的虚拟现实技术,计算机通信网络将在科学可视化、飞行器汽车操作模拟、生物医学、教育培训、国防军事和旅游娱乐等领域开拓更广阔的天地。

其次,对多媒体信息的需求,将推动多媒体计算机网络中高速传输技术、高性能计算技术和大容量存储技术的更快发展,也将推动各种遥控技术、自动控制技术、人工智能技术、机器人技术等信息采集和控制技术与计算机网络的广泛结合。综合现代先进信息技术的多媒体计算机通信网络将使人机与客观世界联系得更加紧密,因而将更好地发挥计算机通信网络作为现代社会信息网络的重要支柱作用。多媒体个人计算机的飞速发展将起着推动多媒体计算机网络发展的先锋作用,大量多媒体个人计算机的联网将成为多媒体计算机网络的重要终端,并把多媒体计算机网络的各种服务带到家庭和社会各个角落。

第二节　多媒体辅助英语教学

一、多媒体教学的基本模式

教学模式是指完成教学任务的教与学的一种范式，它包括教的模式和学的模式及有关的教学策略。多媒体教学的一般模式有以下几种：

（一）课堂演播教学模式

课堂演播教学模式在课堂教学中主要有两种方式：教学呈现和模拟演示。

（二）个别化教学模式

与个别化教学模式相对应的多媒体课件有两类：多媒体教材和教辅类电子读物。其中内容包括：介绍部分、教学控制、激发动机、教学信息的呈现、问题的应答、应答的诊断、应答反馈及补救、结束。

（三）计算机模拟教学模式

计算机模拟教学模式所涉及的问题有：基本模型、模拟的呈现与表现问题、系统的反应及反馈。

（四）探究式教学模式

探究式教学模式一般由以下几个环节组成：确定问题、创设教学情境、探索学习、反馈、学习效果评价。制约因素主要有：漫游和迷航。

（五）协作化教学模式

协作化教学模式是指以小组或两个人为单位，通过完成小组共同的任务来进行教学组织。在协作学习中，成员个人学习的成功是以他人成功为基础的，学习者之间的关系是在相互依赖、相互合作、共享信息与资源、共负责任、共担荣辱的基础上，完成共同的学习任务，以实现相同的学习目标。

（六）基于互联网的远程教学模式

远程教学模式主要由远程考试系统、网上交流系统、资源库系统、教学管理系统组成，是一个完善的互联网学习环境。同时采用互联网的技术和其他（如电子白板、虚拟教室、公共讨论区等）多种教学方式，以实现在时间上、地点上完全独立的一种教学模式。

二、多媒体辅助英语教学的基本原则

多媒体辅助英语教学有诸多优越性。在运用多媒体进行英语教学时，要注意不能违背下列基本原则：

（一）整体性原则

英语教学是一个循序渐进、学习内容系统化的连续过程。多媒体辅助英语教学更应该遵循教学目标渐进化、学习内容系统化的规律。整体性原则主要体现在两个方面：一是多媒体辅助英语教学所承担的对象具有整体性。在教学中要把丰富学生的精神世界、促进他们的心理发展，与增强学生体质结合起来，要注意学生的生理、心理与智力技能的和谐发展，提高学生的整体素质，使其在英语语言技能方面全面发展。二是多媒体辅助英语教学系统具有整体性。多媒体辅助英语教学系统是一个由相互联系、相互依赖、相互制约的四个要素组成的，即教师、学生、多媒体信息、多媒体技术所组成的有机整体。四个要素具有各自独立的地位和作用，但同时它们又作为一个整体在发挥作用。要使多媒体辅助英语教学的功能得到充分发挥并取得最佳效果，必须树立整体观念，适时处理好各个要素之间的关系，使各要素在完成具体的目标过程中，实现有机配合，使多媒体辅助英语教学整体功能得到最充分的发挥。

（二）立体性原则

立体性原则体现在媒体视角的多样化、教学目标的多维化、言语认知过程的多元性和教学方式的交叉性这四个方面。同时，传统英语课堂教学与多媒体辅助英语教学之间、两个或两个以上的教学媒体之间的相互补充与有机结合也属于这一原则的范畴。多媒体辅助英语教学就是要充分利用各类教学媒体，对于这些教学媒体的正确态度是：既不能兼收并蓄，又不能只依赖于单纯的一种而拒绝其他。因而，立体性原则就是要坚持在英语教学中进行全方位、多感官的信息输入，使得英语学习者能够最大限度地接受语言信息，从而自然习得语言。

（三）最优化原则

最优化原则主要体现在英语教学媒体选择与组合的最优化。媒体的选择与组合应是当前条件下最佳的、最好的。选择媒体时，要考虑到教学的需要和媒体的特点与功能。可以这样说，无论用什么媒体来教学，都可以让学生学到一点东西。但是，不能说无论用什么媒体，都可以使学生所学到的东西同样多、同样好。各种媒体都有不同的功能和特点。某一种媒体，对某一种教学活动来说，可能会比别的媒体更有效。但是，没有一种人人适用、处处适用的"万能媒体"。在选择媒体时，要注意选择那种能够获得更好效果的媒体。使用多种媒体比只用一种媒体的学习效果好，因为教学包括许多环节和步骤，需要多种媒体配合；

也因为多媒体可以使学生通过多种感觉去接受知识，从而增强学习效果。

（四）主体性原则

在多媒体辅助英语课堂教学中，一是体现出教师和学生都是主体，是双主体。只有充分发挥教师的主导作用和学生的主体作用，即两个方面的积极性，才能取得良好的教育、教学效果。教师的主导作用主要表现在：认真进行教学设计；编制高质量的多媒体辅助英语教学课件；确定符合学生接受能力的教学信息量；选择适当的多媒体教材；引导学生生动活泼地、主动地进行学习。学生的主体作用主要表现在：学习时认真观察，积极思考，能发现、提出问题，并运用所学知识分析、解决问题；通过自己动脑、动口去获取知识，发展智能；能选择合适的多媒体教材进行有效的自学。二是要在媒体辅助英语课堂教学中体现出新型的师生关系。新型的师生关系是一种民主、平等、友好、合作的关系。有了这种关系，才能充分调动教与学两方面的积极性，使教学过程始终处于教师与学生协同活动、互相促进的状态之中。

（五）认知原则

多媒体辅助英语教学的认知原则，一是要关注学生的认知发展，培养其认知策略。二是要充分考虑到学生的学习策略和记忆习惯。三是要关注学生的认知差异，对不同学习风格的学生进行个性化指导，这种个性化教学只有在多媒体辅助英语教学，通过人机互动，学生自由选择学习内容，并控制好学习进度，方可实现。在贯彻认知原则时，还应该注意学生的认知需求、情绪情感、兴趣与态度等。将多媒体辅助英语教学的出发点和归宿落实在每一节课中，这就是教学目标，指导和支配着一切课堂教学活动。目标要切合实际，不能太高，太高了，达不到，学生容易失望，影响情绪；也不能太低，太低了，学生很容易达到，也起不到激励作用。

（六）文化原则

跨文化意识和跨文化交际能力的培养是英语教学的一个重要内容，语言与文化密不可分：一来，语言与文化的密切关系已经决定了语言学离不开相关文化的教学。二来，由于跨文化交际已经成为时代的特征，这就决定了大学英语教学应培养学生跨文化意识。而多媒体课件及互联网为这种文化教学提供了十分便捷和广阔的空间，文化原则还包括英语交际能力的培养。多媒体辅助英语教学不仅要使学习者习得语法、词汇等语言知识，还要为学生进行英语交际实践提供条件。所以，应该把语言知识设法置入模拟或真实的交际情境之中，充分利用信息载体的多样化和集成性，将语言材料及其文化背景知识图文并茂、声像俱全地展示给学生；充分利用多媒体的互动性特点，使学习者有意识地习得语言知识，提高交际能力。当然，还可以有意识地选择同一个文化的不同侧面及多种不同的文化，让学生将它们与本族语言文化相比较，从而提高学生对文化差异的敏感性。英语教学，尤其是多媒体辅助英语教学，通过使学生大量接触不同民族群体的语言、价值观念、生活习惯、社会习俗等文化侧面来培养他们的跨文化交际能力和多层次的立体思维能力。所以说，文化原则的贯彻与实施，充分体现出多媒体辅助英语教学的巨大潜力。

（七）反馈性原则

多媒体辅助英语教学必须有反馈通道，利用反馈来实现调控。所谓反馈，就是从教学对象处获得信息，以作为调控教学过程的依据。学生对教师的教学做出的反应是反馈；教师对学生的反馈做出评价，也是一种反馈，也称再反馈或反馈的反馈。不论是学生的反馈还是教师的反馈，都要及时、准确，才能起到调控教学过程的作用。在多媒体辅助英语课堂教学中应经常注意来自学生的反馈信息，及时、准确地了解学生的情况。否则，就不可能根据教学大纲的要求，搞好教学过程的调控，也就很难保证教学质量。尽可能多地获取教学反馈信息，是搞好教学的一个重要条件。计算机可以通过多种信息传输方式，如显示文字、图形、动画和音响等，使学生通过多种感官接受刺激，使大脑两半球都能够活动起来，从而克服短时记忆的局限，增强记忆，提高学习效果。所以，多媒体辅助英语教学一定要坚持反馈原则，要在学生的学习过程中及时强化、加强知识的记忆。

（八）视听与思考相结合的原则

在多媒体辅助英语课堂教学中，视听与思考紧密相连，不可分割。多媒体辅助英语课堂教学不能没有视听，但只有视听没有思考，也达不到多媒体辅助英语课堂教学的目的。视听与思考相结合，使学生的认识从感性上升到理性，由形象思维向抽象思维转化。在多媒体辅助英语课堂教学中要注意词语与图像的统一，既要为学生提供丰富的事物的具体图像，又要善于运用词语做恰如其分的讲解，使多媒体演播和教师的讲解密切配合，做到演播适时，讲解恰当。对学生的要求是：在认真看和听的同时，还要积极地思考，要带着问题去看、去听；在看、听后，要通过讨论、问答、对话、实习作业等，将视听得到的知觉形象和表象转化为概念，从而获得知识，提高听说能力。

三、多媒体辅助英语教学的积极影响和消极影响

（一）多媒体辅助英语教学的积极影响

多媒体辅助英语教学采用图、文、声、像并茂的立体语言教学，其动感、直观、多样化的特点有利于大量知识信息的输入，弥补了传统英语教学的缺陷，有利于调动学生的学习主动性，极大地提高了教学效率和教学质量，对于培养学生听、说、读、写、译的能力具有积极作用，从而提高学生的学习水平和英语综合运用能力。其优越性主要表现如下：

1.有利于创设良好的英语交际环境

多媒体辅助英语教学为我们提供了克服传统教学弊端的全新的教学方式，使抽象的、枯燥的学习内容转化成形象的、有趣的、可视的、可听的动感内容，成为英语教学的发展趋势。这样不但增强了学生学习英语的兴趣，而且在讲解一些内容比较抽象的课文时，还可以为学生提供直观形象的场景，便于学生理解、记忆、矫正发音错误。英语课堂教学的目的，主要是让学生在课堂上多进行交际。交际可以是书面的，也可以是口头的。优质高效的课堂交际活动可激发学习者的学习动机，让学习者有机会练习整体表达能力，有利于学习者自然习得语言。而要做到这一点，就要求教师注意创设良好的交际环境。离开情境谈交际是不现实的。课堂交际活动将课堂变成了一个"小社会"，这样的语言训练更富有灵活性和挑战性。多媒体辅助英语教学的交互性和智能化有利于这样的语言训练，成为医治中国学生"哑巴英语"和"聋人英语"的良药。利用多媒体技术的强大功能，学生们不仅可以和多媒体电脑设置的虚拟人物对

话，还能依据电脑的评判（包括语音、词法、句法甚至习惯用语）修正自身的错误。

2. 有利于开阔学生的思维空间，提高学生的学习兴趣

利用多媒体技术创设良好的英语交际环境，通过语言、图像和声音同时作用于学生的多种感官，让他们左右脑并用，产生一种身临其境的感觉。在教师的引导下，学生得以进行大容量的仿真交际。在学生不断进步的过程中，其直接运用英语思维的能力经常得到锻炼，因而能更有效地提高其运用英语进行交际的能力。

多媒体技术可以创设生动逼真的教学场景，从而可以大大提高学生的学习积极性，激发学生的求知潜能和欲望。学习英语，必须了解一些关于英语国家的生活环境，以及文化背景，而多媒体技术则可以为学习者创造这样的环境，让学生了解英语国家人民的生活方式、文化背景以及语言表达习惯等，融身心于英语活动之中，增强了学生的学习兴趣并调动了学生的观察力和想象力。

3. 有利于大幅度提高课堂教学效果

现代多媒体技术在英语教学中丰富了教学内容，更新了教学手段，改善了教学环境，利用计算机本身对文字、图形、动画和声音等信息的处理能力，弥补了现行英语教学模式在直观感、立体感和动态感等方面的不足，也使学习者能更主动、积极、准确地理解语言和它所表达的思想意义。采用多媒体技术可以促进课堂教学模式、训练和测试模式的更新，让个性化教学成为现实。

心理学理论认为，多重感官同时感知的学习效果要优于单一感官感知的学习效果。

运用多媒体辅助英语教学，可以大大提高英语课堂教学容量，使课堂教学内容更加充实，引导学生主动学习；多媒体辅助英语教学新颖活泼的形式更能激发学生学习英语的兴趣和热情，从而形成一个良性循环的学习过程。多媒体辅助英语教学有利于贮存大量信息，我们能创设更多情境，发挥学生主体作用，营造一种轻松、愉快、适度紧张的课堂气氛，提高教学的质量和效果。

4. 有助于构筑新型的师生关系

长期以来，大学英语教学一直沿用"以教师为主导"的教学原则，教师在课堂上占据了大部分时间，因而限制了学生的实践机会，抑制了学生的学习积极性。近年来出版的一些大学英语教材，虽然在一定程度上关注了学生在课堂参与和其他方面的作用，从听、读等方面给学生提供了一些提高语言能力的机会，但对学生语言运用能力的重视还远远不够。运用多媒体技术的教学活动中，多媒体呈现的教学材料让学习者产生一种身临其境的感觉。教师可以充分利用多媒体技术提供的知识、情境、会话等学习内容，积极调动学生的学习积极性、主动性和创新精神，构筑他们自己的知识库。学生可以在教师的指导下，根据自身实际情况选择适合自己水平的学习内容以及学习方式来强化自己英语语言知识技能的学习。如此，教师与学生处于平等、友好的地位，教师是课堂活动的设计者和管理者、学生实践活动的鼓励者和合作者、学生问题的分析者和解答者、学生学习的引路人。

5.有利于教师自身素质的提高

教学手段的现代化标志着教育观念的更新和变革，它超越了教师讲解和传统学习的线性模式，因而对广大英语教师也是巨大的挑战。运用多媒体教学既为英语教师进一步提高教学质量提供了物质保证，同时又对教师自身的素质及知识的储备提出了挑战。多媒体教学要求教师既要掌握计算机的基本知识和操作技能，又要能辅导学生上机操作，还要能研究、设计出能吸引学生参与、思考和探索的多媒体课件。多媒体技术的应用促使英语教师改变传统的"以教师为中心"的教学模式。多媒体技术的应用还促使大学英语教师积极学习、研究多媒体技术对英语教学的各种影响，积极探索、研究多媒体技术，并根据自身和学习对象等实际情况，不断学习、应用新技术，利用多媒体技术开发、研制出更多适应学生需要、能提高学生英语语言能力和应用能力的课件。教师应主动适应现代社会的发展，紧跟时代步伐，不断更新教育观念和教学方法，促进学生自主化和个性化的发展。如果教师不会运用多媒体进行英语教学，势必会影响英语教学的效果。

（二）多媒体辅助英语教学的消极影响

1.影响人际交流和沟通

首先，教学过程实际上是一个双向交流的过程。语言学习尤其应注意师生之间的交流。教师的知识水平、人格魅力、个性风采、言谈举止、道德修养，以及师生之间的情感交流都会对学生的英语学习产生积极的推动作用。多媒体技术毕竟只是一种教学媒介，起辅助教学的作用。它只是给人们提供一个虚拟的学习情境，虽然可以进行模拟实际交际，但这种交际是在人与计算机之间进行的，通过机器传送的情境无论如何都是被打了折扣的，根本不可能把人类丰富的爱憎、喜怒哀乐以及其他情感完全融入其中。

其次，运用多媒体技术来学习英语，必然会相对减少师生之间和同学之间的情感交流，可能会令学生自我封闭，影响他们的身心健康发展。例如，学生在进行英文写作练习时，如果单纯依赖多媒体技术提供的知识来写作，那么写出来的东西或许会合乎英语表达习惯，但如果能与老师、同学一起讨论、修改，那么老师、同学的肯定、建议等必定会对其写作能力产生多元的、积极的影响。

2.影响学习者的学习效果

同学之间的良性竞争、教师的热情鼓励是大多数学生积极进取的力量源泉。在课堂教学中，师生之间、同学之间会自然而然建立起一种情感的链接，这种情感和链接会督促学习者充分参与学习活动。而通过多媒体来学习，学生虽可被计算机发出的反馈所刺激，但这种来自机器的鼓励与来自教师的鼓励和同学之间的竞争压力不可同日而语。例如，学生长时间盯着屏幕，会引起视觉疲劳，甚至导致眼部疾病；而且由于多媒体教学只是提供一些学习、练习的内容而不可能提供真实的人际交流，可能会影响学生的口头表达能力，久而久之，学生会逐渐厌倦这种学习方法，因而导致英语学习积极性的降低。另外，如果教师的指导、监控不力，学生在利用多媒体进行英语学习时，会因缺乏来自社会、来自同伴的压力而更容易原谅自己的惰性、失误与耽搁，可能只注意图像、声音、动画，而忽略了活动的中心——教学内容的学习和练习，造成本末倒置，这将影响学生英语运用能力的提高。

3. 影响教师整体教学艺术的发挥

课堂教学是一门艺术。教师在课前通过研制多媒体课件，把自己的教学设想和思路、教学的中心通过多媒体技术体现出来，学生则利用多媒体手段来学习、掌握这些内容，通过练习来提高自身的语言运用能力。但这些课件的模式是固定的，不能轻易改变，因而教师在教学过程中不可能把教学活动中的一些新的想法、新的教学理念马上体现出来，不能很好地把自己的教学艺术综合地、随机地体现在教学过程中，不能充分发挥言传身教的作用。例如，在课堂上，教师的课堂教学形式会因不同教学对象而改变。如果单纯依靠多媒体课件来进行英语学习，根本不可能把教师如何因势利导、启发学生的方法体现出来，以致影响整个教学过程，影响教学效果。

用多媒体简单地取代教师的作用，就会忽视教师在教学中的主导作用。计算机辅助教学首先要明确它的地位是"辅助"，而不是"代替"，它不可能取代教师的作用和地位，更不能因它而忽视教师的基础知识和学科知识修养。所以教学设计是多媒体外语教学中不能忽视的，只有对各种手段和媒体进行优化组合，针对不同的教学内容精心设计，才能获得最优的教学效果。不管是哪种教学手段都有其不足的一面，多媒体终究是一种教学辅助手段，并不能解决大学英语教学中的一切问题，必须结合实际，因时因地制宜加以运用。

4. 影响学习者想象力的发挥

在多媒体英语教学中，单纯地追求信息的大容量、画面的生动性，把多媒体技术课件看成单纯的录像机、投影机、板书的结合体，不能最大化地发挥其功能和作用。学生陷入扑面而来的信息潮流之中，失去理性思维的能力，成为被动学习者,违背学习主体性和培养创新思维、实践能力的原则。学生在学习英语的过程中,如果过分依赖多媒体技术提供的图像、动画等画面所提供的内容来学习,而不进行书面材料的阅读学习,不适当利用声像材料辅助学习,极可能会影响学生的思维和想象能力的提高。

第三节 多媒体辅助英语教学的实践

一、分析

分析是课件设计的第一阶段，其主要任务包括以下几个内容：

（一）使用者分析

使用者分析即明确课件的使用对象，这是分析阶段的一项重要任务，它包括要求明确使用者的年龄、资历、教育水平、原有知识结构和基本能力及使用者的特点等。不同年龄阶段的学生其认识结构有很大的差别，教学媒体设计必须与教学对象的年龄特征相适应。只追求形式上与视听感觉上的新鲜，而不注意教学对象的接受能力，是不会收到好的效果的。

（二）资源分析

资源是指设计计算机辅助教学（CAI，Computer Aided Instruction）课件所涉及的物质条件，包括经费、设备、人员、时间等方面。对资源进行分析，实质上就是要考虑是否具备条件。这些资源条件可以分为人力、物力和财力三个方面。只有具备以上三个条件，课件开发才能成为可能。

1. 人力分析

一个成功的课件设计工作，不大可能由某个人员单独完成，而应由一个集体共同负责，其中包括有丰富教学经验的教师、计算机专业人员和美术工作人员等。这就需要在开发过程中，各类人员各司其职、各尽其能、相互协调与合作，这是课件设计制作的基础和前提。

2. 物力分析

开发 CAI 课件，离不开一整套的硬件设备，如可随时方便使用的计算机、录像机、录音机、数码相机、扫描仪等，还要运用大量多媒体的资料。在确定编制 CAI 课件之前，应分析手头是否具有相应的教学设备和资料。否则，想法再好也是徒劳。现在许多学校已经成立了多媒体技术教育中心，建成了多媒体教室，具备了相应的硬件设备，并且也建立了多媒体教学局域网和素材库，这就为多媒体课件的设计制作奠定了基础。

3. 财力分析

CAI 课件的开发需要大量的经费投入，其产出与投入的关系相当明显。它的起始投入经费很高，追加经费也较为可观，在设计制作过程中需要购买许多的资料，如应用软件、VCD 光盘、书籍、录像带、CD 盘、录音带等，投入经费要远远高于传统的教育形式。所以，在经费不能保证的情况下是难以进行课件的开发制作的。

（三）教学分析

在进行 CAI 课件设计时，必须先明确教学要求。其中包括：

（1）需要学生了解历史背景、人文地理、风俗习惯等知识，拓宽知识面，扩大英语词汇量，提高用英语进行交际的能力，了解文章的体裁结构及有关的文体知识。

（2）传统的教学主要是教师通过语言、文字的方式进行描述讲解，传播知识的渠道比较单一。在这种方式下，教学活动主要是培养和训练学生的抽象逻辑思维能力，从记忆知识的角度来讲，很难给学生留下深刻的印象。传统的教学在生动性、形象性和高效性方面都显得很不足。在人类进入了信息社会以后，这种单一的教学方式无法适应社会发展的要求。而且，长时间地采用一维的方式进行教学，学生是会感到枯燥的，这将严重影响学生对英语的学习兴趣，从而对教学质量的提高产生不利的影响。

（3）多媒体计算机能够提供文本、图片、动画、声音和视频影像等多种信息并且能够使它们有机地融合在一起，这样能使学生的各种感官并用。多维的信息获取方式不但会使学生对学习产生兴趣、加深对知识的记忆程度，而且会省下教师大量的讲授时间。这样，也就可以为学生提供更多的表达机会。如在课堂上给学生播放电影《偷袭珍珠港》和美国轰炸广岛的过程，使学生对这一历史事件有了深刻的了解和记忆。这种深刻的效果是用一维的语言表达难以达到的。另外，在多媒体教学中，学生可以在同一教师的指导下，自我控制学习速度，选择适合自己难度的学习内容。这一点也是传统的教学难以做到的。

二、设计

（一）教学设计的原则

（1）科学性原则。教学设计要具有科学性和系统性，要注重对教学目标的分析，用词准确、语言流畅，表达的知识要具有逻辑性，符合学生的记忆结构。知识的传授应循序渐进、突出重点难点，对重点内容要以不同的方式进行重复，以加深记忆。

（2）以学生为中心的原则。英语教学的最终目的是培养学生的英语交际能力,在课件设计当中要渗透优良的教学方法,注重自主学习、协作学习的设计,加大对语言的实践量,使学生在正确的教学方法的引导下,调整自己的学习,提高运用语言的能力。

(3)情境性教学原则。人们的交际总是在一定的情境中进行的,要利用多媒体技术提供大量影像、视频和图片等,为学生创设与学习内容相关的语言情境。要使学生仿佛置身于真实的语言环境之中,把抽象的内容变为具体。创设的情境越真实自然,教学效果也就会越好。

(4)简便性教学原则。课件的操作必须简便易行,不需要大量的预备技能。课件要具有很强的交互能力,对学生的学习情况能够及时反馈,使学生积极参与教学活动,增强他们的主观能动性。提示信息要详细、准确、恰当,界面要美观,符合学生的视觉习惯。

(5)创新能力培养原则。创新能力的培养是当代素质教育的核心。在进行多媒体课件设计时要注重充分利用多媒体的各种功能,采用多种教学策略,充分调动学生的主观能动性,使学生积极思考,变被动学习为主动学习,从而增强学生的信息文化素养,提高他们的创新能力。

(6)兴趣性原则。兴趣是学好一门功课的内在动力。因此,在课件的选材上,要特别注意让学生感兴趣,激发学生的求知欲,从而使他们处于主动地位。在传授知识的过程中,要增加无意记忆和联想记忆的成分,要减少机械记忆,使学习变得更主动、有趣。

(二)教学内容的设计

根据需求分析的结果,进一步制定具体的教学目标,即将总的教学目标进行分解和细化，为课件结构设计做准备。这一步一般应由有经验的教师完成，根据教材内容，分析知识结构，勾画知识点之间的逻辑关系，从而为课件的教学内容、教学序列，以及教学过程的选取提供重要依据。

（三）教学过程设计

在分解教学目标、确定知识点的基础上，对课堂教学的具体过程也要做出详细计划，包括如何开始、如何引导学生进入学习内容、如何进入正式的学习内容、如何讲解各个知识点等，教学过程设计是课件设计的核心环节。因此，要根据 CAI 课件的基本要求，依据教学内容的特点和教学对象的具体情况，合理确定教学展开的顺序和教学活动的环节，明确教学方法，控制好教学节奏，充分发挥 CAI 课件的特长，提高教学效率。

（四）培养创造性思维的设计

根据中共中央国务院在 1999 年颁布的《关于深化教育改革，全面推进素质教育的决定》文件精神，教育要重视学生的创新能力、实践能力的培养，重视提高学生的人文素质和科学素质，为科教兴国奠定坚实的人才基础。当前，素质教育已经引起教育界的普遍关注。人们正试图在各个领域寻找实施的方法和途径，使素质教育落到实处。

多媒体技术自产生以来已展示出它的强大优势，使传统的教学方式受到震撼。在 CAI 课件的设计中应该融入素质教育的内容，发挥多媒体的优势，将素质教育推向一个新的高度。为了培养学生的人文素质、科学素质和创造性思维，在 CAI 课件的设计中应注重以下几方面的设计：

（1）设计个别化学习模式。学生可以根据自身的需要和学习能力来控制学习。个别化学习方式可以使学生变被动学习为主动学习，有助于培养学生自主学习的能力。

（2）设计协作型教学模式。通过师生之间和学生之间的讨论，培养学生的分析、推理、综合和评价等能力，充分发挥其主观能动性，有助于学生创造性思维能力的形成。

（3）充分利用多媒体的特长，给学生提供多种形式的信息，使学生运用各种感官，调动思维活动，促进各种思维活动的有效整合，提高自身思维活动能力。

（4）利用多媒体技术的形象性和生动性传播大量的知识信息，启发学生的好奇心和求知欲。好奇心和求知欲是创造性思维的基础。

（5）利用多媒体技术丰富的表达力，为学生提供大量的历史背景、人文地理、风俗习惯等方面的知识，提高学生的文化素养和人文素质。

（五）屏幕设计

屏幕的设计直接影响到课件的形象，良好的屏幕设计会激发学生使用课件的积极性，使学生能够有效地与计算机进行交互活动。多媒体课件的屏幕设计主要包括色彩的运用、文字的处理和屏幕的布局三个方面。一个屏幕所具有的显示空间是有限的，要想使有限的空间发挥最大的作用，需要在色彩的运用、文字的处理和屏幕的布局等方面多加注意，具体如下：

1.色彩的运用

在选用色彩时，首先要明确的是色彩在课件中使用的目标任务，即色彩的作用是进行辅助交流，是为屏幕增色，而我们最终的目标是要完成将信息从机到人的有效传递。在选用色彩的过程中应该注意以下几点：

（1）避免同时使用太多的颜色。在同一画面中不要使用太多的颜色，一般以四五种为限。过多的颜色不但会引起视觉疲劳，而且会增加学习者的反应时间，增加出错的机会。可以用一些其他的技巧，如空间划分、层次变化及几何形式等来配合颜色使用，以增加屏幕的视觉效果。

（2）色彩的协调性。同时出现的色彩，特别是空间位置上邻近的色彩一定要和谐，尽量避免将对比强烈的颜色放在一起，如黄与蓝、红与绿或红与蓝等，除非为了作对比效果。所有文字应以同一种颜色来表示，除非是特殊字词。

（3）用色彩来起强调作用。活动中的对象与非活动中的对象颜色应不相同。活动中的颜色应鲜明，非活动中的颜色应暗淡。以暖色、饱和的、鲜艳的色彩作为活动中的前景，以冷色、暗色、浅色作为背景色。用对比色来表示分离，用相似色来表示关联。

2. 文字的处理

（1）格式。在一个画面上不要有太多的文字。若必须显示许多文字，应尽量以分组、分页来显示。除了关键字与特殊用语加粗或加大处理外，在同一行或同一组的文字应以同一字号来表达。英语字母除了标题以外，一般用小写。

（2）用词。在对话中所有用语，尽量不要使用太专业或过于冷僻的词汇，而应以简短且常用的字词来表达。

（3）提示信息。提供给学生的信息应简洁有力，清楚地显示出来，信息内容应用熟悉而简短的句子，且每句应确定句子完结的地方。重要的字句可以用粗体或闪烁效果来强调。

3. 屏幕的布局

屏幕的布局主要是指如何安排各种媒体信息的呈现区域和交互作用区域的位置及大小。在进行安排时，重点是将各种可视信息，如文字、图形、图像、活动影像、动画等进行定位和大小设计。交互作用区域的位置要根据学生的操作习惯，一般是在右边、下面或右下角。在进行屏幕布局时，应遵循以下原则：

（1）平衡原则。在屏幕上的内容应力求上下、左右达到平衡，尽量不要堆积在某一处，不要有杂乱无章的感觉。

（2）预期原则。每一个屏幕对象如窗口、按钮、菜单条等外观和操作应做到一致化，并使对象的功能和动作可以预期。如一本小字典代表的就是字典，学生可以通过该字典查到该词的解释意义；一把小提琴代表的是音乐，学生可以通过点击按钮，听到一段美妙的音乐；一盘磁带代表的是录音，通过点击该按钮，学生可以听到文章的录音。

（3）经济原则。屏幕上提供了应有的信息即可，去除累积的文字及图画，力求以最少的数据显示最多的信息。

（4）显示原则。对象显示的顺序应依据需要排列，暂时不需要的对象不要显示出来，每一次要求用户做的动作要尽量减少，以减轻用户的认知负担。

（5）规划原则。画面应清晰，显示的命令或窗口应依重要性排列，可能会造成不利影响的项目应尽量排在次要的位置上。

第四章　互联网教育资源与英语网络教学实践

第一节　互联网教育资源的特点

互联网上的教育信息资源是互联网的必然产物，而互联网信息是人工信息，它不同于表征自然界物质运动及其属性的自然信息。人工信息是指人类在长期的认识世界、改造世界的实践中所加工、产生的一种信息。而信息要成为网络信息，必须要借助于多种技术手段，如计算机技术、多媒体技术、网络技术等进行加工处理，使之电子化、数字化、网络化，因而媒体所具有的特性对其所承载信息的特性也产生明显的影响。所以互联网信息资源除了具备一般信息资源的属性以外，还具有以下几个特点：

一、信息形式的多样性

互联网信息内容以多媒体、多语种的形式表现，极大地丰富了信息内容的表现力，信息形式的多样性有助于人们对知识结构的更新和重构。

二、信息获取的便捷性

互联网信息可通过网络终端随时随地获取，不受时间、空间等因素的限制。

三、信息的共享性

互联网信息除了具备一般意义上的信息资源的共享性以外,还表现为一个互联网网页可供所有的互联网用户随时访问,不像传统媒体信息那样,资源共享要受信息载体数量的限制。

四、信息的时效性

网络信息的时效性远远超过其他任何一种信息,网络媒体的信息传播速度及影响范围使得信息的时效性大大增强;而且网络信息增长速度快,更新频率高,这也是其他媒体信息所不能企及的。

五、信息的交互性

交互性是网络的主要特点之一,网络信息一改以往书籍、报刊等印刷信息以及广播电视等电子信息的单向传递方式,也不同于电话的同步双向交流方式。网络信息也具备双向传递功能,但这种双向交流可以是同步也可以是异步的方式。用户在接收到网络信息后,可针对该信息即时或非即时向该信息资源提供反馈。网络用户既是网络信息的使用者,也可以是网络信息的发布者。

六、内容的丰富性

互联网提供了异常丰富的教育资料,如最新的教学大纲、教学资料、众多模式的教学软件、网上教程、丰富的课程参考文献、课程开发工具、一线教师的教学经验以及世界各地的各级学校的概况、各国各地教育管理部门的各种教育政策、措施、研究项目、网上期刊、各种印刷物以及各种动态信息，如每日新闻、快讯、报道、会议通知、各种消息等。此外，还有丰富的教学案例可供教师们互相交流、借鉴。

第二节　互联网教育资源的获取

一、网上信息资源搜索的基本策略

（一）信息资源已确定时

信息资源已确定时即已知具体的网址。已知网址时可在网络浏览器上输入网址，进行浏览或查询，然后再对所得信息内容进行分析筛选。

（二）信息资源未确定时

信息资源未确定时即网址未知。在这种情况下查找相关资源，一般可通过搜索引擎或依据分类项逐层进入，或依据查询路径输入查询关键字，在获得网址后进行具体内容的浏览；也可通过名录服务和专业信息手册来获取相应的网址。

（三）链接

在查找到符合的内容后，网页中的超链接提供了极为重要的相关资源的线索。根据这些超链接可以进入其他相关的站点，如此查找下去，可以获得较为丰富的、有价值的网址信息。

二、英语教育资源的网上获取方法

互联网上的英语信息浩如烟海，从中提取信息资料，丰富英语教学的内容，无疑能促进英语教学质量的提高。在浏览互联网时，遇到的最大困难就是难以快速、准确地从纷繁的信息海洋中找到自己最需要的信息。下面介绍一些网上英语教育资源的获取途径和方法,以帮助教师和学生利用网上英语教育资源进行教研与学习。

获取互联网教育资源,须借助网络信息检索工具。网络信息资源的检索方法一般分为三类:主题目录、搜索引擎和元搜索引擎。其中,搜索引擎又分为自动搜索和全文检索。

第三节　网络课程教学概述

一、网络课程定义

网络课程是目前高等学校教学建设的基本内容之一，许多学校都在积极进行网络课程的开发与应用，以推进学校教育教学的现代化和信息化建设，实现高等教育思想、教学内容、教学模式和教学手段的改革，努力开创高等教育的新局面。

关于网络课程，目前还没有统一的定义。但许多专家、学者都提出了自己的定义。

根据教育部现代远程教育资源建设委员会在2000年出台的《现代远程教育资源建设技术规范》，网络课程就是通过网络表现的某门学科的教学内容及实施的教学活动的总和。它包括两个组成部分：按照一定的教学目标、教学策略组织起来的教学内容和网络教学支撑环境，其中网络教学支撑环境特指支持网络教学的软件工具、教学资源以及在网络教学平台上实施的教学活动。

陈保军、杨改学对网络课程做出定义如下：网络课程是传统课程在现代网络信息环境下的重建，是教师、学习者、媒体教材和网络学习环境四者持续相互作用的过程与内容的总称（平常所说的网络课程一般都是指狭义的网络课程，即网络媒体教材）。[①] 这个定义说明，网络课程不只是静态的内容的组织，而

---

① 陈保军，杨改学. 试论网络课程的教学交往本质[J]. 中国远程教育，2003（1）：25-27+30.

是一个随时准备逐步展开的教学过程的浓缩或准备。换言之，就是要在平面的二维空间的内容组织中展现一个三维、立体、动态的教学过程。

林君芬、余胜泉给出的定义为：网络课程，顾名思义就是用于网络教育的课程。首先，它是课程。其次，我们强调它必须具有网络的特点。网络课程还要考虑教育信息的传播方式发生了改变，并由此而产生的教育理念、教育模式、教学方法等的极大改变。

从本质上讲，网络课程仍属于课程的范畴，它是具有一定目的性和结构性的学习经验，这种学习经验是通过学生与学习环境的交互而获得的。但由于网络课程是基于网络这一特定环境来传递教学信息并开展教学活动的。因此，它又具有不同于一般课程的特性。

要理解网络课程的概念，首先要明确什么是课程。

课程是指为了达到一定的培养目标所需要的全部教学内容与教学计划。这里的教学内容是指课堂教学、课外学习以及自学活动的内容纲要和目标体系。在网络教学中，完整的教学内容主要是指教材（文字教材或电子教材）和相关的教学资源；教学安排则包括预先为讲课、自学、实验、辅导、答疑、作业、考试等各个教学环节拟定的具体内容和步骤。

网络课程是指在先进的教育思想、教学理论与学习理论指导下的基于网络（Web）的课程，其学习过程具有交互性、共享性、开放性、自主性和协作性等基本特征。由于教学内容包含教学资源，所以网络课程通常包括教学资源在内。

二、网络课程的类型

根据网络课程的教学功能和结构内容的特点,网络课程可以分为基于教的网络课程、基于学的网络课程和"主导—主体"的网络课程三种类型。

(一)基于教的网络课程

基于教的网络课程类似于早期的电视教学。早期的电视教学是学习者通过观看电视来进行远程学习,现在,基于教的网络课程是学习者通过观看网页来学习课程内容,不同的是,课程内容是通过网页浏览器播放的,网页的左上方为教师的讲课录像,左下方为章节简介,右边为教师的讲稿内容。

1. 基于教的网络课程的特点

基于教的网络课程的特点主要体现在以下几方面:

(1)它是一种传统的教学形式,教师和学生容易接受。

(2)结构化知识展示部分以教师的视频或音频信息和网络页面呈现。

(3)仅有结构化知识内容的学习,缺少个性化学习空间和协作交流空间。

(4)学生只能通过点击播放、暂停、停止按钮对网络课程进行学习过程的控制,没有其他额外的自主学习权利。

(5)学生常常消极被动地听讲,难以获取与教师面对面的沟通交流机会。

2. 基于教的网络课程的组成

基于教的网络课程结构简单,功能单一,通常由以下三个模块组成:课程名称、流式媒体、教学内容。

（1）课程名称。网页的最上方明确标明讲授网络课程的名称。

（2）流式媒体。流式媒体部分为教师的课堂录像，为了保持网络畅通，可以采取减少大量视频文件，只保留音频文件的方法。

（3）教学内容。网页的右边呈现的是与教师视频或音频信息对应的文字描述部分。学生不仅能看到教师的讲课图像、听到教师讲课的内容，还可以看到所讲内容的文字描述形式。

（二）基于学的网络课程

基于学的网络课程是完全以网络技术为主，按照一定的教育技术规范来编写的多媒体网络学习课程。这种网络课程为学生提供庞大的资源库、支持学生自主学习的个性化学习空间和一定的协商交流空间，其学习内容及学习形式灵活多样，适合学生任何时候、任意地点使用网页浏览器自主学习。

1. 基于学的网络课程的特点

基于学的网络课程主要针对成年人，他们具有一定的自主学习能力，可以通过网络课程提供的大量相关资源、借助一定的协商交流工具实现自我提高。我们可以将基于学的网络课程的特点概括为以下几点：

（1）这是一种新颖的学习形式，比较适合高等院校学生公共课学习或在职人员的继续学习。

（2）基于学的网络课程为学生自主学习提供庞大的资源库以及个性化、协作化学习空间。

（3）学生有较大的学习控制权，可以根据个人的时间、学习基础自行安排相关内容进行学习。

（4）基于学的网络课程较少有教师的直接参与，教师对学生的指导多以 E-mail 或论坛形式出现。

2.基于学的网络课程的组成

基于学的网络课程除了要提供网络课程完整的结构化知识展示内容外，还需要庞大的与网络课程内容相关的资源库的支撑，以及为学生提供个性化学习工具、协商交流工具和评价检测工具等。一般来讲，基于学的网络课程有以下六大组成部分：理论学习部分、资源学习部分、案例分析部分、学习导航部分、工具平台部分和评价检测部分。

（1）理论学习部分

该部分为网络课程结构化知识学习部分，一般以章、节、目的形式呈现。

（2）资源学习部分

基于学的网络课程需要庞大的资源库作支撑，学生除了学习理论知识外，还需要大量的拓展性学习资源。在基于学的网络课程中，资源学习部分通常以资源库的形式呈现，可以把资源分门别类地设计成不同的类型，如参考文献、网址推荐、优秀论文等。

（3）案例分析部分

在医学、管理学和其他应用性学科领域，案例学习历来被作为至关重要的教学方法。学生在自主学习网络课程时，有必要为其提供一定的案例。通过学习和分析典型案例，提高自身对相关内容的深刻理解和领会。网络课程的设计要"以案例学习为抓手"。

（4）学习导航部分

该部分针对学生网络导航而设计，主要包括学习路径指引和学习内容定位。

（5）工具平台部分

该部分包括个性化学习工具、协作交流平台、相关资源检索工具或与具体专业相关的工具软件。其中，个性化学习工具如书签、笔记本和计算器等；协作交流平台如专题论坛、专家在线等；相关资源检索如网络课程资源库的资源检索等。

（6）评价检测部分

该部分包括形成性测试和总结性测试两部分，分别针对学生在网络课程学习中和网络课程学习后的两种评价检测。

（三）"主导—主体"的网络课程

"主导—主体"的网络课程是指学生可以接受教师的实时面授教学，也可以通过局域网或互联网点播视频课程或网络课程学习，和教师通过互联网实时讨论、答疑的一种课程。

1. "主导—主体"的网络课程的特点

（1）"主导—主体"网络课程是目前高等学校常用的一种网上课程。

（2）"主导—主体"网络课程除安排授课教师外，通常还配备一名或数名网上辅导教师以及各地服务站，根据学生需求聘用负责考前串讲、答疑辅导工作的教师。

（3）"主导—主体"网络课程中，既有教师的面授教学，同时又把网络课程作为课堂辅助教学使用和课后巩固复习使用。

（4）"主导—主体"网络课程中学生除进行自主学习，与同学、辅导教师交流学习外，还会有与授课教师面授辅导或视频辅导的机会。

2."主导—主体"的网络课程的组成

"主导—主体"的网络课程除需要具备基于学的网络课程的组成模块外，还要在一定程度上突出教师的指导作用，为此，基于"主导—主体"的网络课程还需要添加以下几个模块：

（1）教师的视、音频信息

这里教师的视、音频信息是指网络课程关键环节的指导信息（如学习指南部分、章节概述部分等），并非整门网络课程结构化知识展示全部的视、音频信息。在适当的位置设置教师视、音频信息，学生"亲闻其声，亲观其貌"，其效果要比单纯的文本结构化知识展示要好。此外，在关键环节提供一定量的教师视、音频信息能够拉近师生距离，产生亲切感。

（2）网上值机辅导教师

网上值机辅导教师类似于虚拟辅导教师，其职责是经常或定期登录网络课程交流园地，及时发现并解答学生在网络课程学习过程中出现的疑难问题，同时在学生学习过程中调动学生学习积极性，保证学生以饱满的热情和不懈的努力学习网络课程。总的来说，网上值机辅导教师在授课教师和学生之间起桥梁纽带的作用，同时对学生有一定的情感激励作用。

(3)教师面授、视频辅导

为了体现授课教师对学生的指导作用,仅有网上辅导教师的平时辅导和情感激励还是不够的,在一个学期中,还需要安排授课教师面授或视频辅导。

第四节　英语网络课程建设

随着互联网的日益大众化和学校网络教室建设的普及，英语学科的网络教学已经具备了外部硬件条件，国内外基于网络的计算机辅助英语教学的应用和研究也在逐渐增多。但是问题也随之显露出来，既有把网络辅助教学当作简单的媒体演示的情况，也有为了应付检查而流于形式的情况。网络辅助英语教学不仅仅是技术层面上的应用，更要考虑教学内容的整合，包括课程设置、内容组织以及构建原则等诸多方面的探索与研究。

一、英语教学网络课程的目标

课程始终是教学的基本环节，教学最注重教学设计，网络教学也不例外。现在有一些商业网站为了吸引用户，不经过教学设计就包装了课程发布在互联网上，缺少以学生为本的教育服务思想，也没有明确的可具体实施的教学目标。要充分发挥网络英语教学的优势，就需要了解网络课程的目标。一般而言，网络课程的目标应包括以下两大内容：

（一）网络课程必须满足社会发展的要求和学校教学的需要

校园网首要的功能应当是教育和教学。校园网的建立，除了有助于教育教学的管理，有助于办公自动化之外，最重要的是为教师和学生创造一种面向 21 世纪的信息环境。这不仅是全面推进素质教育、实现教育现代化的重要内容、重要条件和重要途径，而且是 21 世纪社会发展的必然要求。社会要求我们的学生能够利用这些信息环境所创造的条件，学习并掌握获取、传递和加工处理信息的能力，以适应今后的工作与生活。

（二）网络课程必须满足学生个性化学习的要求

21世纪，培养学生的创新能力与促进学生全面素质的提高将成为教育改革的主基调。网络作为一个优秀的教育信息贮存、传送媒介，在培养学生的探索、反思与创造能力方面具有明显的优势。网络英语教学系统能够使学生个性得以充分发展，甚至从中找到自己的"兴趣点"，大大提高学生英语听、说、读、写、译的能力。

网络课程必须体现英语学科的综合性、开放性、动态性的特点。网络英语教学作为一个动态的开放的学习平台，将英语知识以网络课程的形式重新组合或分类，摆脱了传统英语教学的桎梏，使得英语网络教学课程更加有序和人性化。

二、英语网络课程的教学设计思想

（一）设计要体现主导与主体的思想

英语网络课程的设计要充分考虑到以教师为主导、以学生为主体的原则。教师要由知识的传播者、灌输者转变为学生主动学习的导航者、促进者和帮助者。教师在英语网络课程教学中对学生的学习方向、内容都应进行建议和指导。在学生的学习过程中，教师还应以学生为中心，给予其指导和帮助，通过网络媒体，实现跨时空的师生交流。学生在解决问题的过程中既掌握了相关知识，又掌握了解决问题的技能，最后也实现了对综合知识的全面建构。

（二）设计要充分体现多样性

网络教育下的英语学习者无论在学习上、思想上还是在解决问题的过程中，完全可以独立操作，富有极大的主动性和自觉性。因此，在进行英语网络课程设计时，知识层次要错落有致，设计要充分体现英语知识的多样性，用户界面要友好、生动，学生可以随心所欲地灵活选用自己所学内容。例如，可以建立教师网络教案和学生英语学习网络档案。通过建立教师网络教案可以让学生了解教师的网络教学理念、策略和方法，同时，还可以包括对学生在经过一段学习之后，自我测评成绩的分析，学生普遍存在疑难问题的解答，对教学的意见和建议等。学生英语学习网络档案可以包括学生本人对学习内容的选择、学生学习的自我反思和自我评定等。通过建立教师网络教案和学生英语学习网络档案，师生之间可以不受时空的限制随时进行交流。

（三）设计要体现宽泛丰富的信息资源

英语网络课程立足于教材，但不完全受制于教材。在提供书本知识的同时，还要提供一些动态的英语知识和运用方法。如提供一些知名网站的链接，一方面为学生提供宽泛丰富的信息资源，另一方面使其思维活跃，学习兴趣盎然。

（四）设计的交互性要强

为体现自主学习和协作学习相结合的特点，应根据不同层次学生的需要，设计出不同的学习计划，提供适合于他们的学习资料、手段等。既要为学生提供个性化的学习环境，还要开设交流的空间，让学生与学生、学生与教师可以相互交流、讨论，解决学习中遇到的各种困难和问题。师生还可以建立网上论坛或通过电子邮件及时沟通联系。

（五）设计要实施学习过程监控

英语网络课程应对学习者的学习过程实施监控，提供学习者及时检查自身学习情况的途径和办法，教师也应及时掌握学习者平时的学习动态，与学生保持畅通的信息渠道。

三、英语网络课程的内容及其组织

（一）课程内容的规划设计

网络英语教学的具体内容要根据英语学科的性质以及课程标准来制定。一般可以将网络英语教学课件分成以下几个功能模块：

1. 授课内容

依据课程标准，研究制订教学的主干内容和辅助学习内容。网络教学是一种教学方法、手段，也是一种新兴的教育理念。经过教学设计的授课内容，应当是整个网络教学中的规划设计重心。

2. 课程作业

课堂教学的效果往往可以从作业中反馈出来。由于网络技术的介入，使得这种反馈及时、即时。网络技术让学生可边做题，边反馈信息，有助于教师对学生进行纠错训练。

3. 课外辅导

网络的时空性决定了它和传统教学的课外辅导有本质的区别。基于网络的英语教学系统中，最为突出的课外辅导形式有在线答疑和教学论坛两种。

在线答疑是实时的。师生就课程疑难问题展开讨论，从网络工具方面讲，如腾讯的 QQ 或微信就可以达到这个要求。师生也可以在一个相互约定的时间，进入专门的网络聊天互动空间，开展实时的群体交流。

教学论坛 BBS 是非即时的，师生间交流不同步。BBS 论坛主流程序有 ASP、CGI 和 PHP 等，其中，国内尤其以 ASP 的论坛和 CGI 的论坛应用最普遍。

（二）课程内容组织原则

英语教学网络课程有了上述三个规划内容，雏形初现。英语课程内容的呈现、内容的组织要有一个原则标准，一般有以下三个方面：

（1）符合英语学科体系的特点和课程目标是网络英语教学课程内容的依据。英语网络课程一方面要体现英语学科的内在特点，另一方面也要遵循既定的课程目标。

（2）满足个别化学习与协作化学习条件采用网络辅助教学，学生们可以在英语网络信息库中自主选择知识内容及其深度。网络记事本、E-mail 和在线测试等网络教学的实际应用，也有助于学生个体的探索式学习。

在学生个别化学习中，对一些较深的英语学习内容，需要教师的指导以及和其他学生商讨与对话。网络教学环境为学生提供了相互沟通、交流的虚拟空间，使学生能够突破时空的限制展开协作学习，共同提高。网络弥补了单独学习的不足，体现了人性化教学思想。

（3）符合教学内容的连贯性和整合性。学习任何一种新的知识技能，都是以已经习得的、原有的知识技能为基础的，学生心理发展的过程，除了基本的生长因素之外，主要是各类能力的获得和累积过程。对网络教学而言，课程内容的组织要有连贯性，体现出由简入繁的层次递进关系。这种连贯性要求网页框架与导航条的交互性能良好，避免学生在丰富的英语网络资源库里面"迷路"。整合性是指在英语学科体系中包容相关知识点，能够将其他学科的知识融合在英语学习资源里，既打破了相应的学科界限，也体现了各学科课程内容的横向联系。整合有助于让学生获得完整的知识，形成统一的观点。

四、网络英语教学的模式

根据网络英语教学的不同属性，网络英语教学模式的分类方法也有所不同。

（一）根据学生在教学活动中的学习方式进行划分

依照学生在教学活动中的学习方式，网络英语教学可以分为发现式学习与协作式学习两种模式。

1.英语网络教学环境下的发现式学习

教学网络除可以具备计算机辅助教学的功能外，也为发现式学习提供了良好的环境。在基于网络的教学中，教师利用网络向学生传送的课件或提供的资料，在一定程度上再现人们探索未知领域的过程：创设问题情境，吸引学生对问题产生兴趣，引导学生围绕问题的各个方面，进行多角度、多层次的研究工作。通过不断研究，将一些孤立的概念串联起来，根据已有知识或实践，建立起知识所具有的内在联系。在教学网络中建立一个由学生控制的、允许学生在特定领域探索和验证假设的发现式学习环境，学生通过个别化、自我激发式的学习，以自己适应的方式和步调来建构知识。这样的学习环境对于发展学生的高级思维和分析问题、解决问题的能力十分有益。

2. 英语网络教学环境下的协作式学习

在多媒体网络教学环境下，可以将学生分成若干学习小组，小组成员相互合作，共同解决某个问题。学生通过网络收集大量的资料，并利用资料共同协商解决问题，使每个学生都有可能利用自己所掌握的资料，从不同角度思考和解决问题。在多媒体网络教学中，还可以让小组中的一些学生负责整理知识，另一些学生把知识点用适当的形式表达出来，通过集体的力量学习知识、掌握技能，让学生享受到获取知识的乐趣，在完成学习任务的同时，也掌握了合作技巧和社会技能，培养团队精神。

如在"Environmental Protection"一课中，通过网络协作学习让学生归纳出人类对环境污染的类别，以及环境保护的重大意义。首先，在教学中指出学习的预期目标，根据学生的不同特点进行合理分组，针对不同的目标层次，分配相应的学习资源，使学生能够在自己原有知识的基础上获取新的知识。其次，学生通过浏览相关网站或者用关键词搜索的方法，在互联网查找有关环境污染和环境保护的资料，并根据各自所得的结果在组内进行讨论（分享知识成果），再通过网络广播在组间交流，新知识的发现与获得就这样掌握在学习者自己手里了。最后，教师通过多媒体网络教学系统，利用全组广播为学生设置问题，检查学习效果，并对本案教学进行评估。在这个协同学习的过程中，教师利用监视功能对学生的学习情况进行监督，对在学习中出现的问题进行正确定位，通过遥控辅导加以补救。教师控制着小组讨论的主题与时间，可以随时进入或退出讨论组，讨论仍能正常进行。在协同学习的过程中，学生获取知识的途径，除了从教师处获得外，同学间的讨论也非常重要，从而拓宽了学生获得知识的渠道。

利用多媒体网络开展发现式学习和协作式学习，应注意以下三个问题：

首先，教师在课堂教学活动中起着管理者和指导者的作用，应充分利用多媒体网络的监视、广播、分组、在线帮助等功能，对教学实现有效的监督与控制，防止学生的学习偏离预定的教学目标。

其次，整个教学活动要在学生自己控制的情境中进行，学生查找资料和学生之间的协同学习通过网络实现，网上课件设计要符合学生的发现式学习和协作式学习。

最后，教师的信息素养是制约发现式学习与协作式学习的另一关键因素，对教师进行相应培训，是发挥多媒体网络教学作用的有效措施。

（二）根据教学活动的组织形式划分

依照教学组织形式，网络英语教学可以分为四种模式：虚拟课堂教学、课件式教学、在线式教学和客户化教学。

1. 虚拟课堂教学

虚拟课堂教学是我国最早出现的网络教学模式，它是可以在小范围的局域网上或在大范围的宽带网络上进行的，类似于电视大学中的实时播放的教学形式。它比电视教学更先进的地方是师生之间可以很方便地进行实时交流。由于虚拟课堂教学同传统的教学模式比较接近，在我国，这种形式的网络教学仍非常流行。构建它的目的通常是共享师资，它是网络教学发展的初级阶段。

2. 课件式教学

在我国，课件式教学主要是在校园网或电脑房的服务器上存放一些 CAI 课件，教师根据教学需要选择课件供学生练习或在讲课时作讲解演示用，由于目前国内市场上的 CAI 课件尚不丰富，加之传统的教育模式在人们心目中已经根深蒂固，课件式教学通常是穿插在教师的讲课过程中作为一种教学的补充形式。

3. 在线式教学

在线式教学主要是指通过校园网或将家里、单位的计算机连接到互联网上，学生可以自由选择时间上网接受教育，教师则定期根据学生的情况及反馈信息进行辅导。

4. 客户化教学

客户化教学方式是一种比较先进的教学形式，它采用基于建构主义学习与教学理论的 CAI 系统，客户（学生或教师）可以将要求告诉系统，系统则根据客户的需要组织系统资源自动组合教材，这样可以使网上资源得到充分有效的利用。

五、英语网络课程的发展趋势

英语网络课程以其灵活的、开放的、基于资源的特点使得它在继续教育、素质教育及职业教育方面都具有很大的优势。虽然有人对网络教育的有效性持怀疑态度，认为网络课程不能有效地刺激学生去学习，但是不断增长的学生需求和网络所提供的开放的学习机会是网络课程的优势所在。基于网络的英语网络课程在将来的发展中有以下几个趋势：

（1）资源渐趋丰富，服务形式更多样。网上课程门类齐全，有自主学习课程、成人教育课程、学位或非学位课程、学科教育课程。提供的服务形式也越来越多样，学生可以在网上快速地检索出自己所需要的英语课程信息或学习资料。

（2）以内容为中心的设计转向以学习环境和活动为中心的设计及以课堂教学为基础的课程强调课程的内容设计，而以网络为基础的教学不应是传统课程内容的照搬。今后英语网络课程的设计应结合网络的具体特点（资源共享、交流通信的特点），以 E-mail 答疑、电子论坛、计算机视频会议等学习活动为中心设计课程。

（3）从网络的低级应用设计转向网络高级应用的设计。随着网络技术和教学设计理论的发展，英语网络课程的开发必将从信息传播的低级应用阶段转向网络高级应用阶段。目前出现的一些网络课程工具平台（如 Web CT），其设计开发为基于网络的课程在制作、管理和应用上都迈上了一个新的台阶，是网络应用于课程教学的必然趋势所在。

第五节　信息技术与英语课程整合

一、信息技术与英语课程整合概观

（一）信息技术与课程整合的背景

由于信息技术的飞速发展，多媒体和网络技术的日臻完善和普及，大学信息技术教育水平不断提高，软、硬件环境不断完善，加之深化教育改革，全面推进素质教育，培养具有创新精神和实践能力的高素质人才和劳动者的社会需要，教育信息化得到了各阶层的重视，我国的信息技术教育发展进入了快速发展时期。特别是近几年在新课程、新教法的基础教育改革中，先进的教学理念、以学生为中心的教学方式的提倡、各种形式的教师信息技术能力培训等因素的综合影响下，信息技术教育的发展应用跃上了一个新的台阶——信息技术与课程整合。广大教育工作者的观念，从认为信息技术是计算机课程教育的认识飞跃到更高更深的层次，即信息技术必须融入教学中，必须和学科课程相整合。

目前，我国基础教育信息化的发展十分迅速，教育信息化基础设施已初具规模，教师、学生的信息素养教育得到了广泛的重视，对于信息技术与课程整合的课题研究，各教学研究部门和有条件的大学都投入了较大的力量进行实践研究并已取得很多可喜的成果。信息技术与课程整合是当前教学改革的新视点，将信息技术作为改革传统课堂的有效手段，将其和学科课程教学融合为一体，优化教学过程和学习过程，促进学生的全面发展、个性发展，构建数字化的学习环境，实现数字化的学习成为信息技术与课程整合努力的方向。但是这个过程不可能一蹴而就，需要广大教师和教育工作者逐渐积累。在这个积累的过程中，粉笔和黑板的作用逐渐淡化，多媒体和网络的应用逐渐普及；在这个积累的过程中，普遍采用的传递—接受的主流教学形式将与多元化教学形式共存及教师和学生的角色都要被重新定位，单纯性的教师讲学生听、教师问学生答的教学局面将被改变；在这个积累的过程中，学生学习的主体性地位将不断提升，学生主动学习、协作学习、发展个性、注重实际能力的意识和创新精神将不断提高。

（二）信息技术与英语课程整合

信息技术与学科课程整合是信息技术运用于教育的核心。信息技术与学科教学的整合应从教育观念、学习内容、教育形式、教学手段和方法、教育资源等方面实现。

整合，在英语中的主要含义是综合、融合、集成、成为整体、一体化等。最早将其作为专门术语使用的是英国哲学家赫伯特·斯宾塞。随着学科的发展，整合就成为生理学、心理学、人类学、社会学、物理学、数学、英语、哲学等多学科共用的专业术语。而在不同的学科中，整合具有独特的含义。

整合是相对于分化而言。从系统论的角度说，"整合"是指一个系统内各要素的整体协调、相互渗透，使系统各要素发挥最大效益。我们可以将教育教学中的整合理解为教育教学系统中的各要素的整体协调、相互渗透，以发挥教育资源的最大效益。

从理论上来讲，课程整合是对课程设置、各课程教育教学目标、教学设计、教学评价等诸要素做系统的考虑与操作，也就是要用整体的、联系的、辩证的观点来认识、研究教育过程中各种教育要素之间的关系。

课程整合是使分化了的教学系统中各要素及其各成分形成有机联系，并成为整体的过程。

课程整合比较狭义的理解通常是指考虑到各门原本分裂的课程之间的有机联系，将这些课程综合化。课程整合广义的理解是指课程设置的名目不变，但相关课程的课程目标、教学与操作内容、学习手段等课程诸要素之间相互渗透、相互补充。当这些相互渗透和相互补充的重要性不再突出；或者已经非常自然，到了潜移默化的程度时，就没有必要提出整合了，而是需要强调分化。

信息技术与课程整合是国内外计算机学科教学与应用长期探索实践、反思的结果。信息技术对教育教学有重要的作用，这已成为世界普遍认同的公理。学校也都大量地投入资金进行了信息化环境的建设，但计算机却始终游离于教学的核心之外，这种客观现实的存在也成为不争的事实。显然，为了使计算机的优势真正被教学所利用，在它们之间的渗透、补充还没有达到自然融合的时候，强调信息技术与课程的整合是非常必要的。经过专家、学者、教师们长期的理论与实践探索，信息技术与学科课程整合的概念逐渐清晰和明朗起来。

信息技术与课程整合的概念有不同的表述方式。李克东教授指出，信息技术与课程整合是指在课程教学过程中把信息技术、信息资源、信息方法、人力资源和课程内容有机结合，共同完成课程教学任务的一种新型的教学方式。[①]

---

① 李克东. 信息技术与课程整合的目标和方法 [J]. 中小学信息技术教育，2002（4）：22-28.

信息技术与英语课程整合，具体来说，就是要将信息技术与英语课程的教与学融为一体，追求信息技术在促进教师教学、学生学习和学生全面发展方面的实效性，发挥信息技术优势，弥补传统教学模式的缺陷和不足，革除传统课程教学中的弊端。在信息技术与英语教学整合的实践活动中，教师将以人为本的课程理念和教学思想作为导向，通过教学设计，以符合学科特点和学生学习需求的方式高效地应用信息技术，追求信息技术在促进教学、学生学习和学生全面发展方面的实效性。

二、信息技术与英语课程整合的特性

（一）整合的可能性

从教师方面看，计算机知识正在教师队伍中普及。从学生方面看，信息技术课程已列入基础教育的必修课程，信息技术的基础知识已逐渐被学生所掌握。从学校的硬件设施看，广大学校拥有了多媒体教室、网络教室，办公也是自动化，并且计算机的数量在不断增加，走在前列的学校已办起了校园网，甚至使每间教室都成了多媒体教室，每个办公室都成为课件制作室。这些硬件设施为信息技术与英语学科的整合提供了可靠的保证，现代化的教育设施，为开展教育现代化打下扎实的基础。以教育信息化带动教育现代化，这是教育改革的核心任务。

（二）整合的必要性

传统的英语教学模式是以教师为中心，知识的传递主要靠教师对学生的硬性灌输，其主动性和积极性难以发挥，不利于创造性人才的培养，信息技术为英语教学注入了新鲜血液并带来了活力，信息技术能将抽象内容具体化，使难懂的内容变得生动,很容易实现情境教学。信息技术已经在英语课堂上起到了至关重要的作用。在英语教学中有些教学环节运用多媒体技术可以达到事半功倍的效果。如在进行词汇、语法练习时,多媒体呈现的速度更快、容量更大。再如背景介绍、听力练习等,多媒体课件图文并茂,加上声音、动画、影像等,可使学生更直观地获得感性认识和文化信息。信息技术与英语学科的整合成功地导入了新课,优化了教学过程,增强了学生的学习兴趣,激发了学生的求知欲望。

(三)整合的有效性

信息技术是现代教育技术的重要代表,它是英语教学中的一把"双刃剑"。充分发挥信息技术以及多媒体网络设备的工具性功能和互联网强大的资源共享的优势,使信息技术恰当、有效地融入英语教学中,从而提高教学质量和效率。信息技术与英语教学有效整合,一方面,可以创新教学模式,扩大教学容量,突出教学重点,给学生提供真实的语言情境,增强学生学习的实践性、主动性和自主性,从根本上改变传统的教学观念和模式,优化教与学的过程。另一方面,这种整合有利于学生形成合理并有效地利用信息技术进行学习和合理应用英语的策略,培养学生的创新思维和实践能力,以及获取信息、传输信息、处理信息、运用信息的能力。英语教学目标通常有听、说、读、写等方面要求,相应的教学内容应包含文字、语音和视频等不同媒体的信息。但是在传统的印刷材料中,有关语音和活动影像的内容无法与文字内容组成一体化的教材,只能和教科书、录音带、录像带这三者以各自独立的形式存在,如此则束缚教师的手脚,限制学生的思维,与超文本方式组织的图、文、音、像并茂的丰富多彩的电子教材不可同日而语。

（四）整合的协作性

整合的协作性，首先体现在师生互动、生生合作等方面，从而得到团队的帮助和启发，共同参与完成学习任务。要强调信息技术的普遍应用，充分发挥信息技术的优势，为学生的学习和发展提供丰富多样的教育环境和有利的学习工具。其次，以多媒体计算机技术和网络技术为主的信息技术具有交互性、超文本性和网络化等特性，使个别化学习、协作式学习和发现式学习得以结合，极大地拓展了英语教学的领域，培养学生的创新精神和实践能力。

（五）整合的开放性

整合的开放性，体现在探索和构建新型的教学模式上。这种模式实现了整体教学与个体指导相结合，知识传授与教学信息反馈相结合，真正实现因材施教。将英语的学科知识、需要的跨学科知识建成资源库，成为学生经过简单处理就能很快利用的资源。为了方便学生到更广阔的知识海洋中去寻找知识宝藏，利用网络搜索引擎，如 Google、Yahoo 等收集、检索相关信息，充实、丰富、拓展课堂学习资源，探寻各种学习方式，让学生学会选择、整理、重组、再应用这些更广泛的资源。这种对网络资源的再组织，有力地促进了学生的自主学习。

三、信息技术与英语课程整合的内容

（一）信息技术与教师的整合

信息技术的迅速发展和广泛使用，丰富了教学资源和教学手段，从而对英语教师提出了更高的从业要求。因此，广大英语教师必须实现教育教学意识的现代转换，构建复合的知识结构，完善人格品质。

1. 展现人格魅力

不论信息技术如何发展，始终无法代替教师作为领路人的作用，代替不了教师的人格影响。在知识传授渠道丰富以后，教师的价值更多地体现在人格影响方面。因此，英语教师必须树立崇高的职业理想，不断增强自我意识和使命感，要像诗人一样富有灵性、悟性，以鲜活、旺盛的创新精神和创造能力去面对每次不同主题、不同内涵的教学活动。一个人的自我评价往往是其事业是否成功的重要标志，每个教师都要善于认识自己、发现自己。此外，还必须树立团队意识，善于合作。教师的人格魅力对学生是潜移默化的，教师之间必须在竞争的基础上进行合作，在合作的基础上进行竞争。

2. 更新教育理念

教师应树立以学生发展为本的观点，在教学过程中以学生的身心发展特点和成长规律为出发点，采取有效的方式或手段，激发学生的潜能，培养学生正确的学习态度、科学的思维方式、丰富的精神世界和高尚的道德情操，要重在激发学生的学习与研究兴趣；作为学习的组织者和指导者，英语教师要树立学生主体的观念，应充分调动学生主动学习的兴趣，给学生提供学习的条件和机会，帮助学生主动参与，鼓励学生自己发现课题、收集资料、处理信息、思考问题。在教学过程中，教师应发挥在认识问题的方法性和理解问题的系统性方面的优势，培养学生的探索精神、创新精神与求异思维。在信息技术迅速发展和广泛运用的社会中，学习方式以创新性学习为主要特征，面对学生的创新问题，偶然也有教师回答不出来的时候。因此，教师也要向学生学习。只有确立先进的教育民主化观念，突破传统师生关系上的领导与被领导、管理与被管理的状况,建立科学、民主、平等的新型师生关系,才能更好地适应形势发展的要求。现代教育思想就是要运用现代教育理论和现代信息技术,通过对教育过程和教学资源的设计、利用、评价和管理,以实现教学优化的理论和实践。英语教师作为课程的领导者和组织者,必须树立现代教育思想观念,克服传统的教育教学观念,运用现代教育技术探索、构建新型教学模式,通过构建新型教学模式,促进现代教育技术环境和资源的开发,建设现代化教学体系,优化教学全过程,提高教育教学质量,为社会培养新型人才。

3. 优化教学方法

优化课堂教学方法,增大课堂信息容量,是课堂教学的中心任务。实践证明学生英语能力的形成,靠的是自己的英语语言实践及运用教育信息技术的能力,能充分调动学生们的主动性和积极性,发挥学生主体参与作用,融教法、学法于一体,加快课堂节奏,扩大课堂信息容量,加大语言输入量,尽量为每位学生提供更多的语言实践机会。在教学时,我们可把重点、难点,即情境对话、图片、板书等要点都设计制作成课件,大大节省了讲解和板书的时间。教师可以精讲多练,加快课堂节奏,环环相扣,并且在进行阶段性或总复习时,也可将已学的众多知识进行系统的整理和归纳,存入电脑,或制成可供学生自学、复习的学法指导或资料库。利用计算机网络,学生可随时随地调用所需的资料,学生只需在很短的时间内便可形成一个完整的知识网络。这样就优化了教学方法,大大提高了课堂教学效果。

信息技术和英语教学的整合是一次革命性的教学观的转变,随着它在教学中的不断渗透和深化,教师的角色也由知识的指导者、知识的给予者转变为学习的促进者、协调者和监督者，教师既是学习资源的组织者，同时本身也充当一种资源，这种角色的转变需要教师善于创设平等、自由的学习气氛，以促进师生之间、生生之间充分地交流、讨论；需要教师帮助学生对自己的学习状态和学习策略进行有效监督和调节；需要教师探索更为适宜的评价方式，全面评估学生的学习过程和结果，及时地给予反馈和鼓励。

4. 提高技术水平

信息技术作为一种技术手段和学习资源运用到英语教学中，能使学生的学习达到一举多得、事半功倍的效果，然而正确高效地运用这些信息技术对教师提出了更高的要求，我们需要将素材资源库与制作平台相结合，根据教学实际，充分利用现有条件下的教学软件，并从中选取适合教学需求的内容编辑制作实用的课件；需要灵活运用 Office 系列软件，如 Word 文档处理、PowerPoint 幻灯片式图文展示、FrontPage 编辑制作网页等，这些最基础的信息技术手段对于某些一线的英语教师们还有一些难度，需要不断地努力培训和学习。信息技术在教学中的应用重在信息的获得、筛选与运用，技术还是获得和加工信息的工具。实现课程整合最重要的是教育观念的革新。课程整合将信息技术看作各科学习的有机组成部分，它要在已有课程（或其他学科）的学习活动中有机结合使用信息技术，以便更好地完成课程目标。但整合不等于混合，它强调在利用信息技术之前，教师要清楚信息技术应用于课堂的优势和不足，以及学科教学的需求，设法找出信息技术在哪些地方能提高学习效果，使信息技术成为一种终身受用的学习知识和提高技能的工具。

如何将信息合理地展示给学生，将对学生的英语学习产生很大的影响。集图形、声音、动画、文字等多种信息功能于一体的教学资源，全方位、多层次吸引学生，增加信息获取量，使课堂英语教学更为生动活泼、趣味盎然，让学生身临其境，自始至终都保持强烈的兴趣，从而更好地接受、记忆新的语言材料和学习内容。要充分发挥以计算机为核心的信息技术的优势，扩展课堂容量，提高教学效率。信息技术与英语教学有效整合的关键，在于教师能否认真钻研教材，依据学科特点和教学实际，开发出适宜课堂教学实际的CAI课件，真正发挥现代化教学设施的使用效率，给整合提供有力的技术支持，切切实实地提高课堂效率和教学质量。CAI课件的设计，必须结合教学实际，根据学科教学目标与教学任务，因材施教，灵活运用。作为英语学科，CAI课件的设计应从着重培养学生的听、说、读、写的综合能力出发，创设语言情境，激发学习动机，启发、引导学生对所学内容的正确理解和运用，并且突出重点、难点，提高学生的综合语言运用能力。

5. 加强理论素养

在日新月异的信息社会里，教师必须不断"充电"，才能顺应科技的进步和社会的发展。从这个意义上，教师也要做终身学习者。作为一种新的课程设计思想和教学模式，信息技术与课程整合有着很深的理论背景，主要包括心理学、知识论、社会学和教育理论。对课程整合有重要影响的心理学理论有发展心理学、多元智力理论、成功智力理论等。20世纪后期，科学技术飞速发展，信息传播快速广泛，知识更新加快，人类社会的生活方式也随之迅速变化，使得人与人之间的理解和合作更加重要。世界各国社会的民主化和多元化、经济的市场化都要求学校课程以新的内容和新的组织形式来适应这些社会变化。满足学习者个性发展的多元化需求，这些构成了课程整合的社会学基础。同时，课程整合的理论基础还应包括建构主义学习理论。建构主义学习理论主张学生是学习中心,是信息加工和意义的主动建构者。所有这些都为信息技术与课程整合的进一步发展提供了理论指导。教师要不断学习这些新的理论,努力搞好教育教学,教师是实现课程整合的关键。现代教育理论认为教师不再是传统意义上的课堂教学的主宰,而是教学的组织者,学生的指导者、合作者,学习的促进者。因此,教师与技术的整合是教学中的首要问题。教师要勤于学习现代教育理论和教育技术,熟练运用各种教学所需的软件与多媒体技术,并积极自觉地运用网络,获取最新信息,追踪英语教育理论与实践的前沿研究成果,提高自己的理论研究水平,丰富自己的教学资源,并将这些运用到课堂教学中,既可以激发学生的兴趣,引导学生自觉运用技术协助英语学习,又可以创设良好的课堂情境,为学生学习知识和锻炼语言运用能力创造条件。由于学习资源的极大丰富,教师在筛选学习资源、组织学习资源、传递学习资源方面的主导性作用特别重要,教师就是网络知识海洋中的"导航者"。

6. 提升科研能力

教师应在教学之余,通过互联网收集各种有关英语学习和教学的网站,收集积累教学和学习素材,丰富课堂教学材料,同时还需要通过较好的英语教学研究网站进行网络在线学习,拓宽自己的教学研究视野,提升自己的专业水平和业务能力。许多学生掌握一定的计算机技术,能够帮助教师解决信息技术运用中的相关问题,从而提高课堂教学效率。教师向学生学习技术和应用,学生也在应用中巩固提高了技术和利用技术学习的能力,增强了英语学习的兴趣,教学相长,又密切了师生的关系。对英语教师来说,建好、用好英语网站不仅仅是为了共享教学资源,方便自己的教学,而且还要利用英语网站发布信息,在全国乃至全球范围内交流教学经验,开展合作研究,交换学术成果。英语教师可以通过互联网的网络讨论组（Usenet）组织学术讨论活动，召开英语教学研讨会，把最新的教学成果推出去，让更多的英语同行和英语学习者受益。我们还可以把自己的优秀教案、课件等放在学校的网站上共享，扩大影响。

7. 提倡终身学习

英语教师作为课程的设计者和开发者，要想使自己适应形势发展的需要，就必须不断地学习。不仅要具备普通教学的基本素质，还要具备计算机技术、视频技术、音频技术、通信网络技术、影视技术、编导理论等方面的基本知识。必须掌握在多媒体网络化教育环境下进行多媒体网络教学、利用多媒体技术进行教学设计的知识技能，必须密切追踪当代科学技术、社会人文领域的最新研究动态和成果，具备基本的科学人文知识，强化网络意识和网络文化适应意识；应富有敏锐的职业洞察力、卓越的教学监控能力，高效率地解决教学过程中的各种问题。由观念适应到知识适应、技术适应乃至文化适应，教师应全方位地加强自身适应信息化生存环境的能力，成为信息化教育中的行为主体。

（二）信息技术与学生的整合

学生是教学的中心，是学习的主体。信息技术和多媒体技术所特有的集声、光、色彩、图片、动画和影像等于一体的影音效果，使学生接受多种途径的感性刺激，有利于对知识的记忆。而通过网络所获得的有益教学的信息则是传统教学所无法比拟的，因此，它能激发学生的学习兴趣，并能充分发挥学生的主体性。学生将所学知识与信息技术结合起来，通过探究和发现进行学习，如为准备一个课题的学习，学生利用搜索引擎在互联网上搜索、筛选、选择和分析相关信息以及有关音像资料；还可以跨学科学习同一课题，拓宽视野，培养创新精神。这样，学生从传统的知识被动接受者转变为主动发现者、建构者，并养成自主学习的习惯。信息技术成为学生的认知助手和培养研发能力的工具，成为辅助英语学习的助手。

1. 培养和发挥学生的主体性

学生在教师的指导下，利用教师提供的资料或自己查找信息，进行个别化和协作式相结合的自主学习；在利用信息技术完成任务后，师生一起进行学习评价、反馈。在整个教学过程中，学生能够发挥主体性，发展个性。教师在整合教学中发挥主导作用，以各种形式、多种手段调动学生的学习积极性，帮助学生实现学习目标。这样的教学十分有利于学生的主体性的发挥和问题解决能力的培养。信息技术与课程整合在国内才刚刚开始，它有利于学生的学习和成长。但信息世界也不是一块净土，比如，网上有许多不健康的内容，学生上网，也有不能自控的失范行为，对此教师要善于引导学生，发挥网络的积极作用，促进英语教学。

2. 培养学生的探究精神

信息技术成为辅助英语学习的助手，通过网络了解外国的社会环境、风俗习惯、民族心理、历史文化等，对学生的英语学习有很大帮助。教师可以根据英语课程的教学内容，将所呈现的学习内容进行收集、加工、分析、处理，整理成多媒体、超文本的学习资源，为学生创设一种直观形象、生动有趣、便于理解记忆的语言环境和语言交际情境，让学生在这些情境中进行探究，从而使学生自主地发现问题，动手操作，提出解决问题的方案与办法。这样做有助于学生对学习内容的理解和学习能力的提高，进一步培养学生的探索精神。

（三）信息技术与学习的整合

信息技术与学习的整合主要体现在教师对学生进行学习策略指导和学生的自主学习上。通过信息技术学习英语是一条全新而有效的途径。在以学生为主体的英语学习中，教师对学生学习策略的指导尤为必要：一方面，可以指导学生对英语语言学习规律的把握。另一方面，指导学生运用多媒体技术和互联网来辅助学习。教师可以通过课堂教学和课外学习中的讲座、讨论指导学生认识英语学习规律。还可以把平时在互联网浏览时收集到的有助于英语学习的网站分类整理提供给学生，为他们自主学习和运用网络学习英语提供帮助。在课堂学习中，学生能较好地利用从这些网站中获取的信息拓展有限的课本内容，并通过计算机技术做成电子作品，丰富课堂学习内容，使英语学习从要学变成乐学。

（四）信息技术与教材的整合

与当前英语课本及其相关练习和阅读材料相比，信息技术与互联网所提供的资源是超乎人们想象的。信息技术和互联网已经打破传统课堂教学模式，教师和学生可以借助网络收集和整理相关课题的资料作为教材课题的拓展学习资源，可以通过文本阅读讨论，或以幻灯片形式学习；也可以在学校主页上建立链接进行网络学习；还可以由教师把经过认真筛选的相关网址提供给学生自主学习。这种学习方式使教学信息得到极大扩充，知识范围广泛拓展，课堂结构更趋开放。同时，学生的视野得以开拓，思路更加开阔，有利于创造力的培养。传统教学中课本就是世界，而今，世界成为课本，学习资源可以随时随地选取，这是信息技术与教材整合的优势。

（五）信息技术与课程评价的整合

信息技术在教学评价中也大有作为，信息技术的应用丰富了评价内容，使其更加全面、更加科学。首先，信息技术使评价和反馈变得简单、快捷，如网络课堂上教师可通过 BBS、留言板监控学生的学习进程。其次，它拓展了评价内容，信息技术本身就可以作为一项标准来评价学生的电子作业，如幻灯片、网页等。对于学生评价的重点可以是课题研究计划的可行性、研究方法的有效性；学生的参与程度、协作意识；作品是否切合主题，内容的丰富性、合理性、创新性；技术的应用程度等。教师还可以通过英语学科题库进行测评，为评价提供参考数据。条件许可时，可以用在线课堂测试检验学习效果。这些都为教师反思和调整教学内容、手段和步骤提供了必要参考。教师可以利用办公软件和校园网络，轻松地对学生的所有相关数据进行电子化管理，比如，学生各种测试的成绩、行为记录和学期评价等。利用信息技术，教师的工作效率明显提高；评价内容更为丰富，教育管理也更加科学有序。

四、信息技术与英语课程整合的基本模式

信息技术与英语课程整合，应该借助信息技术的优势，利用其多媒体信息集成技术、超文本技术、网络技术等优势特点。作为教师的英语教学辅助工具和学生英语学习的认知工具，构筑数字化英语学习资源，使学习者实现英语学习方式的变革，从被动接受式学习真正转变为自主学习和有意义学习。信息技术与英语课程的整合将带来英语教育观念的转变，将形成新型的教学结构，从以教师为中心的讲授，转变为学生探索发现式的自主学习、协商讨论和意义建构。

在这种整合模式下，首先，教师根据教学目标对教材进行分析和处理，并以课件或网页的形式把教学内容呈现给学生。其次，学生接受了学习任务以后，在教师的指导下，利用教师提供的资料（或自己查找信息）进行个别化和协作式相结合的自主学习，并利用信息技术完成任务。最后，师生一起进行学习评价、反馈。教师和学生在信息技术的帮助下，分别进行教学和学习。在整个教学过程中，学生的主体性和个别化得到较大的体现，这样的教学氛围十分有利于学生的创新精神和解决问题能力的培养。同理，教师通过整合的任务，发挥了自己的主导作用，以各种形式、多种手段帮助学生学习，进一步调动学生的学习积极性。

信息技术与英语课程整合的具体模式有以下三种：

（一）英语教师的辅教工具

信息技术与英语课程整合，是对原来的计算机辅助英语教学理念的提升和发展。原来的信息技术教学应用更加关注辅助教学，而且将信息技术孤立于课程目标之外，不能作为教学结构的有机元素来看待，结果不能取得良好的教学效果。信息技术与英语课程的整合，并非忽视信息技术作为英语教学工具的功能，而是把其作为信息技术与英语课程整合的一个侧面来看待。信息技术作为英语教师的教学辅助工具，主要是作为知识呈现工具、师生通信交流工具、测评工具以及情境展示工具等。信息技术作为英语教学工具，将更加关注其教学设计的合理性，从英语课程目标出发，真正地把信息技术整合于英语教学之中。

（二）学生学习的认知工具

信息技术与英语课程的整合和辅助英语教学的明显区别就在于，信息技术可以作为学生强大的认知工具，成为学生学习与认知的有效方式，并且根据英语学习目标，学生能够合理地选择信息技术工具。信息技术主要作为英语学习内容和英语学习资源的获取工具、协商学习和交流讨论的通信工具、知识构建和创作的实践工具以及自我评测的反馈工具。学生必须根据学习环境和目标以及预期结果，选择合适的信息技术工具作为自己的英语学习工具。

（三）学习环境的构建工具

信息技术应该构建一个有效的英语学习环境。通过信息技术，可以呈现给学生一个真实的或者虚拟的学习环境，让学生真正体验其中，学会在环境中主动建构、积极建构，构筑自己的学习经验。信息技术构建学习环境，可以通过其网络通信功能以及虚拟功能等方面体现，营造有效的英语学习环境。

学习环境对英语学习所产生的影响是积极的。100多年来学界试图借助一般的学习理论寻求英语学习的规律和过程。现代教育信息技术所构建的英语学习环境仍然要从一般学习理论中寻找理念。20世纪对学习理论的研究归纳起来可以分为三类：学习是指刺激—反应之间联结的加强（行为主义）；学习是指认知结构的改变（认知学习派）；学习是指自我表现概念的变化（人本主义）。虽然这些理论存在偏颇，但它们从不同的角度揭示了学习的性质，为现代教育信息技术下英语学习环境的构建提供了不同的理论基础和不同的视角。现代教育信息技术构建的英语学习环境理论的胚胎孕育在它们之中，并不断发展、不断成熟。

目前，学界十分重视建构主义教学理论，特别强调学习环境的设计。建构主义学习理论所主张的学习环境是指学生可以在其中进行自由探索和自主学习的场所。在此环境中，学生可以利用各种工具和信息资源来达到自己的学习目标。在这一过程中，学生不仅可以得到教师的帮助与支持，学生之间也可以相互协作和支持。

五、信息技术与英语课程整合模式所应用的环境

（一）基于多媒体教学软件的英语教学

基于多媒体教学软件的英语教学具有以下两种类型：

1. 创设情境型——创设学习情境，激发学生学习兴趣

英语学习需要一个良好的语言学习和使用的环境。多媒体教学软件具有形象、生动的特点，可以提供声情并茂的情境，激发学生的学习兴趣，丰富学生的学习素材，以激发学生学习英语、运用英语的积极性。运用多媒体教学软件进行英语教学，实施的出发点之一就是力争使用多媒体教学软件创造出良好的语言学习环境，为学生提供运用英语进行听、说、读、写全方位的训练，从而提高学生学习英语的兴趣，有效地培养学生听、说、读、写的能力。

2. 学习资料型——提供学习资料，开阔学生视野

使用具有丰富学习内容的多媒体教学软件，可以为学生提供大量的学习资料，而教学软件的图、声、文字的结合，可以使学生在学习时兴致盎然。通过利用这种学习资料型的英语教学软件进行学习，不仅可以使学生的听、说、读、写能力得到训练，而且在练习英语基本功的同时开阔了视野。这种学习资料型的英语教学软件，可以是教师自行开发的，也可以是从市场购买的；学生对这类软件的使用，可以是在课堂上使用的学习材料，也可以是课后的学习辅助材料。

（二）基于网络资源的英语教学

在网络环境下，网络自身就是一个生动丰富的背景课堂，它不仅为每位学生提供个性化的学习空间，让学生能动地自主学习，而且教师也可以利用网络资源为课堂教学创设形象逼真的环境。网络英语教学具有以下特点：

1. 学习环境的形象性

多媒体英语教学课件可为学生提供逼真的视听环境，通过视觉和听觉的组合优势提高教学效果。而网络英语教学则更上一层楼，它无须人为地创设一个多媒体环境，网络本身就是一个真实的多媒体世界。学生们进入自然真切的情境中进行身临其境的英语学习，而且学习效果可以获得即时反馈。

2. 学习过程的创造性

网络英语教学选定互联网的某一站点或校园网的某一资源库作为学生取舍的素材来源，而对素材的选择、组拼、融合、消化、转换则需要学生们发挥想象力和创造力来完成。

3. 教学模式的先进性

网络英语教学是一种以学生为主体、以教师为主导的全员参与的"双主"模式，事先没有固定的教材，在教师的引导下，每个学生都将教师精心挑选的素材个性化地加工成为一篇短小的课文。

也就是说，学生们在自己学习、自己利用网络环境和资源"编制"成"教材"。毫无疑问，学生对自己成果的偏爱和认同，是任何统编教材都无法比拟的。因此，网络英语教学使学生对所学的内容产生强烈的认同感，学习积极性和学习兴趣空前高涨。

4.学习资源的开放性

网络具有很高的开放性，它本身就是一个无比丰富的资源库。和教师事先编制的课件或印刷的课本相比，它更能为学生提供全方位的学习资源。首先，网上的学习资料是动态的，处于即时更新的状态。其次，它的资料丰富多彩，涵盖了社会的方方面面，为师生双方都提供了很大的选择余地，有利于培养学生的自主学习能力。最后，它的资料形象生动，图、文、声、像并茂，很容易吸引学生的注意力，激发学生学习兴趣。因此，网络英语教学将教室扩大到有"信息海洋"之称的互联网，网络成为学生学习英语的一个重要组成部分，这是一种真正意义上的开放性英语教学。

第五章 信息化背景下的大学英语教学模式构建

第一节 现代信息技术下大学英语教学模式的理论框架

现代信息技术下的新型大学英语教学模式理论框架整合了多模态、多媒体、多环境理论、信息技术与英语课程生态化整合理念以及建构主义等教学理念，以环境的创设和教学结构的改变为主要特征，以多模态体验和模态转化学习为实际操作的着力点。与以往单纯以建构主义理论和计算机辅助语言学习理论为基础的理论框架相比，该模式的框架更加系统、细致，对实际教学模式的设计更具指导意义。自 2003 年大学英语教学改革启动伊始，学界对于大学英语教学模式改革的探索便全面展开。2012 年教育部高等学校大学英语青年骨干教师高级研修班第三期以"构建多模态、多媒体、多环境的集成型大学英语教学模式"为主题，于北京交通大学隆重举办，标志着这种探索进入一个新高潮。在这次研修期间，中国社会科学院顾日国教授、上海外国语大学陈坚林教授、北京交通大学司显柱教授分别做了题为"多模态、多媒体、多环境下大学英语学与教：理论与实践""信息技术与英语课程的生态化整合"以及"建构主义与大学英语教学模式创新"的专题报告，提出了多模态、多媒体、多环境理论，信息技术与英语课程生态化整合等教学理念。

笔者认为，在当时的研究环境下，三位教授独创或倡导的理论和理念可以整合为一个统一的理论框架，与以往研究中仅以建构主义和计算机辅助语言教学理论构成的理论框架相比，由这三种理论成分共同构成的理论框架更为系统、细致，因此，以其为基础建立的教学模式更具可操作性和可证伪性。下面将对组成该理论框架的三个理论成分进行简单介绍，并对整合而成的新型大学英语教学模式理论框架进行阐释，尤其对其优势进行论证，对实践中可能出现的问题进行讨论，再次指出该理论框架的意义和重要性。

一、新型大学英语教学模式理论框架的成分

（一）多模态、多媒体、多环境理论

顾日国教授在主旨报告"多模态、多媒体、多环境下大学英语学与教：理论与实践"和以往的研究中，对"多模态""多媒体""多环境"三个基本概念进行了界定，并对多模态、多媒体、多环境下的学习行为进行了剖析。

1. 多模态

模态是人类通过感官跟外部环境之间的互动方式。这里的感官不但包括广为人知的视觉、听觉、嗅觉、触觉、味觉，还包括医学上新发现的平衡感、距离感等。多模态是指用三种或三种以上感官进行互动。在互动过程中，人类可以将来自多模态的信息打包捆绑成整个的体验。模态越多，人类所获得的信息和体验就越充盈，例如，如果亲口品尝到北京烤鸭，至少涉及视觉、嗅觉、触觉和味觉，而如果只看到北京烤鸭的图片，那就只涉及视觉，因此前者的信息和体验比后者更为充盈。另外，顾日国教授把输入和产出之间发生模态变化的

学习行为称为"模态转换学习过程"。例如，让学生把读到的内容复述出来，就是一个模态转换学习过程；如果只让学生理解所读到的内容，则是同模态学习过程。顾曰国教授提出，恰当的模态转换可以增强学习者对所学内容的内化度，提高内容记忆的持久度。换句话说，越充盈的体验、越丰富的模态转化，对学生学习越有利。

2. 多媒体

要理解多媒体这一概念，首先要区分物理媒介和逻辑媒介。物理媒介是指装载内容或信息的物理介质，如纸张、磁带、光盘等。逻辑媒介是指在物理媒介上装载内容或信息的编码手段，如文字、模拟音频流、数字音频流、图像及视频流等。界定某内容是否为多媒体材料，是以逻辑媒介为划分标准的。使用三种或三种以上逻辑媒介的，就是多媒体内容。在这个定义下，文字材料印在纸介上是单媒体材料，声音录制在磁带上也是单媒体材料；但如果一张光盘上有文字、图片、音频流、视频流等，那么即使装载内容的物理媒介只有光盘一种，这里的内容也是多媒体内容。显然，与单媒体材料相比，多媒体材料更有可能触发多模态的体验。这也是多模态学习和多媒体学习经常交织在一起的原因。

3. 多环境

学习环境可分成不同的类型。例如，对在校学生而言，有教室、图书馆、自习室等物理环境；有包括课程设置、课程设计理念、教师教学模式等在内的学术环境；有由学生处、教务处等构成的管理环境；有通过计算机广域网构成的虚拟教学环境等。环境向学生提供机遇的同时，也进行了框定。例如，图书馆向学生提供博览群书的机会，同时也框定学生在馆内的行为以及博览群书的极限。再如，教师的知识面等构成对学生的框定，而针对学习任务采取行之有效的教学手段又可为学生提供机遇。学习可以说无处不在，发生在多种混合环境中。各环境因素都提供框定和机遇，从而左右学习效果。如此，大学英语教师在教学设计中应尽量为学生创造可以获得充盈体验、进行模态转化学习的环境，并充分考虑多种环境因素，特别是多种环境下的集成型学习模式。

（二）信息技术与英语课程的生态化整合理念

近年来，英语教学研究对于信息技术非常重视，整个英语教学研究范式已由"理论、方法到课程或教材"转变成"从理论、方法、技术到课程或教材"。在这种情况下，厘清计算机等现代教育技术与英语教学的关系问题尤为重要。

关于二者的关系，被广为接受的看法是将计算机视为辅助语言学习的工具，但是这种观念存在很大不足。计算机作为辅助工具应用于教学，具有四个特点：一是计算机仅充当辅助教师的演示工具，二是教学内容基本与课本一致，三是学生仍被视为被动接受知识的对象，四是未改变以教师为中心的教学结构。以上四个特点限制了计算机本可以发挥的作用。上述问题的根源在于将计算机定位为"辅助"工具，而不是英语学习的有机组成部分。因此，要充分利用计算机等现代教育技术，就必须将其视为与书本一样的语言教学必备元素。

计算机成为语言教学必备元素的方式就是通过信息技术与英语课程的生态化整合。笔者认为，信息技术与课程的生态化整合实际就是通过信息技术将计算机有效地融合于各学科的教学过程来营造一种信息化教学环境，实现一种既能发挥教师主导作用又能充分体现学生主体地位，以"自主、个性、探究、合作"为特征的教与学的方式，从而把学生的主动性、积极性、创造性较充分地发挥出来，促使传统的以教师为中心的课堂教学结构发生根本性变革，形成"主体导向"的教学结构。因此，信息技术与学科课程整合的内涵可概括为三条：营造信息化教学环境，实现新型教与学的方式，以及转变传统教学结构。

（三）基于建构主义的教学理念

根据以往研究，基于建构主义的教学理念与基于客观主义哲学观的传统教学理念相对立，二者在知识观、学习观、教学观、评价观、教师和学生角色、目标倾向、价值取向、信息技术应用、教学设计等方面截然不同。

传统教学理念以客观主义哲学为基础，认为知识是客观、稳定、非情境化、抽象的存在，是对客观世界的表征，因此，知识外在于学习者，可以传递，而教与学就是知识传递的过程。这种教学理念重知轻行，片面强调系统掌握各学科的理论知识，因此教出来的学生缺乏必要的专业实践能力或动手操作能力，只能获得低阶的、没有深入理解也无法运用的知识。因此，传统教学模式普遍采用灌输式的授课方式，教学组织形式和方法不够灵活，学生的学习方式是机械地接受知识，学校的培养方式也是统一的培养模式，没有根据学生的差异来制订个性化的教学设计和教学模式。

建构主义教学理念的哲学基础是由维柯、杜威、维果斯基、皮亚杰等哲学家发展的建构主义。建构主义认为，与其说知识是名词，不如说它是动词。知识是一个不断认知、体验和构建的过程；知识不是对于外部世界的表征，而是由个人创造出来，用来理解亲身经历、构造意义的。学习的过程就是知识构建的过程，是在一定情况下，针对无法满足需求的知识进行质疑、探求、构建和协商的过程。教学就是创设有助于意义建构的学习环境，创设有助于交流协商的学习共同体，与传统理念的重知轻行不同，建构主义教学理论提倡知行合一，其目标是让学生获得高阶知识，促进学生实践能力的发展。在建构主义教学模式下，师生是双主体和互动对话的关系。建构主义教学理念倾向的技术应用观是"用技术学习"，主张把信息技术作为学习工具，它克服单一的以讲授为主的班级形式，从传统的"讲中学""坐中学"，走向"例中学""做中学""探中学"和"评中学"，最大限度地丰富学习的资源、方式和体验，以提高教学成效。

二、新型大学英语教学模式理论框架的核心要素与关系

综观上面三种教学理念可以发现，它们共同强调两个核心要素，即学习环境的创设和教学结构的转变，它们相互依托、相互补充。这是三个理论成分得以整合成为一个理论框架的基础。

（一）学习环境的创设

多模态、多媒体、多环境理论强调创设更能让学生获得多模态充盈体验以及进行模态转化学习的环境；信息技术与英语课程生态化整合理念强调创设生动的数字化学习环境；建构主义的教学理念强调创设有助于交流协商、意义建构的环境。这三种环境实际上彼此相容，甚至通过彼此来实现。首先，如顾日国教授所指出的，在教学实践中，多模态学习经常依靠多媒体学习来实现，而数字化环境是多媒体学习的必要条件。其次，与计算机辅助语言学习理论构成的理论框架相比，该研究提出的理论框架的最大优势在于更为系统、细致，因此以其作为基础建立的教学模式更具可操作性，在教学设计中更容易实现。

但是在以此理论框架为指导建立具体的教学模式过程中，容易出现一些问题，首先是在教学模式设计中，教师、学生、计算机之间的互动往往不够。某些网络教学内容仅是课本的翻版，并不是让每个学生都真正成为参与者和贡献者。此外，部分学校的技术环境仍有欠缺，这也是造成教师、学生、计算机之间无法充分互动的一大障碍。另外，在这样的教学模式下，计算机和网络成为像书本一样的教学必需品，如何保障硬件软件条件、维持系统良性运转也是不得不考虑的问题。其次是教师的角色问题。计算机技术的广泛应用不代表教师作用的淡化。事实上，在该研究提出的理论框架中，教师仍是学习共同体中的重要一员，而不仅仅是计算机开启者和网络维护者。如果过分地依赖机器，教学就会流于一种技术的展示。当然，这些问题在单纯以建构主义理论或以计算机辅助语言学习理论为基础建立的理论框架下同样容易出现。如何在教学模式设计实践中真正践行某种理论框架，是所有大学英语教学单位需要花费大量精力和财力才能解决的问题。以信息技术为基础，对大量音频、视频资源进行有效的收集、处理、整合、存储、传输和应用的数字化环境，几乎可以自然而然地触发多模态学习，即数字化环境在某种程度上成了多模态学习的充分条件。另外，鉴于在建构主义视域下，知识作为个人经验的合理化以及个体与他人经过协商后达成一致的社会建构，主要通过互动来搭建，借助计算机和网络技术使教师和学生、学生与学生之间的联系显著加强的数字化学习环境正是有助于交流协商、有助于意义建构的环境。

（二）教学结构的转变

在传统教学理念和模式中，教师是主动的传授者，学生是被动的接受者。

而在建构主义教学理念下，学生与教师同样具有主体地位；在计算机与英语课程生态化整合理念中，学生是主体，教师是主导；在多模态、多媒体、多环境理论中，教师的主要作用在于创设环境以帮助学生获得充盈体验并进行多模态学习，实际上也暗示了学生为主体、教师为引导者的观念。三种理念的共同点是均赋予了学生毫无疑问的主体地位。另外，生态化整合理念和多模态、多媒体、多环境理论，都将以计算机和网络为主体的信息技术视为除了教师和学生之外的教学结构组成要素。

（三）二者间是相互依托、相互补充的关系

建构主义的知识观和学习观是多模态、多媒体、多环境理论和生态化整合理念的哲学基础。反过来，多模态、多媒体、多环境理论和生态化整合理念是在现代教育技术飞速发展的氛围下对建构主义教学理念的一种细化。另外，生态化整合理念和多模态、多媒体、多环境具有同样的基础和细化关系：生态化整合理念提升了计算机技术在英语课程中的作用，从而扩大了多模态、多媒体、多环境学习在英语学习中的比例；而多模态、多媒体、多环境学习理论，特别是模态转化学习假说，则给出了在数字化环境下教与学的一个可能方向。

在此基础上，可以勾勒出现代信息技术下新型大学英语教学模式。此新型教学模式的最大特点在于环境的创设和教学结构的改变。这里的环境指的是可以触发模态转换学习的数字化环境，也是有利于意义构建的环境，教学结构的改变则体现在新型学习共同体的建立上。在该新型共同体中，教师、学生、计算机具有同样重要的地位，且任意二者之间都可以进行互动。学生在互动中获得充盈体验，进行模态转换学习。

创新大学英语教学模式是未来大学英语教学改革的突破口,是提高教学质量、增强大学生英语综合能力的关键所在。大学英语教学模式的创新,要有合适的理论框架为指导,该研究试图提出这样一个理论框架:它整合了多模态、多媒体、多环境理论、信息技术与英语课程生态化整合理念以及建构主义的教学理念,以环境的创设和教学结构的改变为主要特征,以多模态体验和模态转化学习为实际操作的着力点。该框架具有深层哲学基础和可证伪层面上的假说,既充分考虑以信息技术为代表的现代教育技术飞速发展的大形势,又具备系统性和细致性,可真正指导教学模式的构建。当然,该研究期待着更进一步的实际操作验证,以便不断完善与发展。

第二节 信息化背景下大学英语教学模式构建路径

在科学技术高速发展的今天,由于信息技术尤其是计算机三大关键技术(人工智能技术、数字化技术、信息和网络技术)的发展,可以说在英语教学中计算机有了主导教学的可能和条件。换言之,网络媒体支持由情境、协作、会话、意义建构所形成的学习环境,使学习者对知识的获得并非完全通过教师传授,而是学习者在一定的情境即社会文化背景下,从不同层面、角度出发,借助原有的经验、认知结构,主动接受和选择加工外来信息,并借助其他人(包括教师、学习同伴、网络交流者等)的帮助,利用所能获得的学习资源(包括文字材料、影音资料、视听媒体、多媒体课件、计算机教学软件、网络上人与人的交流)以及从互联网文献检索获取的信息,通过与教师、学习同伴等的交流、协作,最终以意义建构的方式来获得。由此,建构主义理论的核心是以学生为中心,强调学生对知识的主动探索、主动发现和对所学知识意义的主动建构。情境、协作、对话和意义建构是建构主义学习环境的四大要素。情境是学习者进行学习活动的社会文化背景,学习者在真实的情境下,借助社会性的交互作用和利用获得的学习资源,可积极、有效地建构知识。协作是学习者在学习过程中,以已有经验为基础,在特定的情境下,以特殊的方式建构,并强调学习者与教师、学习同伴、网络交流者等的相互作用。对话是协作过程中通过人人交互、人机交互,使每个参与者的思维成果(智慧)为整个学习群体所共享,以实现意义建构。意义建构是整个学习过程的最终目标,所要建构的意义在于事物的性质、规律以及事物之间的内在联系。建构主义学习理论的基本特征是学习的自主性、情境性和社会性。

一、建构主义指导下的信息化教学模式的设计原则

基于对建构主义学习理论内涵的认识，建构主义指导下的信息化教学模式设计思路可概括为：在整个教学过程中，强调以学习者为中心，利用情境、协作、会话和意义构建等学习环境要素，通过对学习者的知识、认知特征和背景的分析，设计适应学习者的学习资源、学习策略、认知工具，并通过教师和学习伙伴的帮助，充分发挥学习者的主动性、责任感和创新精神，有效地实现对当前所学知识的意义建构，在这种模式下，学习者是知识意义的主动建构者；教师是教学过程的组织者、指导者，意义建构的帮助者、促进者；教材等教学资源是学习者主动建构意义的对象；视听媒体是用来创设情境进行协作学习和会话交流，即作为学生主动学习、协作探索的认知工具。因此，构建信息化教学模式时可遵循以下设计原则。

（一）学习自主性原则

学习是学习者建构知识结构的过程，这就意味着学习者不是被动地接受来自外界的刺激，也不是把知识机械地从外界搬到记忆中，而是在原有经验的基础上，主动地对外部信息进行选择与加工，通过新旧知识经验间反复、双向的互动作用过程来获取、建构新知识的过程。也就是说，无论是语言知识还是语言技能，都要靠学生主动去学、去练，这样才能有长进，教师的作用只能是主导而不能包办代替。因此，学习者要通过学习策略训练，培养自身的自主学习能力，在教师、学习同伴等的帮助下实现知识意义的主动建构。

（二）真实情境创设原则

建构主义认为，学习是一个积极主动的、与情境联系紧密的自主操作活动。

在这个过程中，知识、内容、能力等不能被训练或吸收，而只能被建构。由此，情境学习的建构总是以学习者已有的知识结构为基础，有选择地知觉外在信息，根据具体实例的变异性建构当前事物的意义，即情境学习借助获得的学习资源，把所学的知识与一定的真实任务和情境挂钩，倡导合作学习，解决实际问题。

情境教学具有以下特点：首先，学习的任务情境应与现实情境相类似，以解决学习者在现实生活中遇到的问题为目标。其次，教学过程应与现实中的问题解决过程相类似。最后，科学的科目教学应创设有丰富资源的学习情境，其中应包含许多不同情境的实例和有关信息，以便学习者根据自己的兴趣、爱好去主动发现、主动探索，从而实现学习者的认知灵活性，形成对知识的多角度理解，把知识学习与具体情境联系起来。通过多次进入重新安排的情境，使学习者形成背景性经验，从而掌握知识的复杂性及相关性，在情境中形成知识意义的多方面建构。

（三）学习的社会性原则

建构主义认为，学习者与周围环境的相互作用对于知识意义的建构起着关键性的作用。知识不是抽象的，而是与学习的情境，学习者带入这一情境的经验及周围环境有密切关系。知识的复杂性使学习者不可能对知识有全面的理解；同时，由于情境中问题的艰巨性，学习者也不可能完全独立解决。学习者主动从不同背景、角度出发，在教师或他人的协助下，通过独特的信息加工活动（争辩、讨论和提供证据）实现知识意义的重新建构，从而使面对面的或通过多媒体网络进行的协作学习成为必然。学习者与周围环境的交互作用，促使学习者对知识的理解将更加丰富和全面（对知识意义的建构），认知水平也随之得到提升。因此，体现学习社会性的协作学习是整个学习群体共同完成对所学知识的社会性建构。

二、信息技术为建构主义理论提供技术支持

信息技术的发展和应用为建构主义学习理论提供了技术层面上的有力支持,促进了教学观念的根本性变革。自主学习理念的应用有效地克服了传统教学中的种种弊端,提高了学习者的认知能力、分析和解决问题的能力,使大学生的素质教育和创新教育落到了实处,为建构主义学习理论的应用奠定了基础。

(一)超媒体与"自主学习"

认知心理学的研究表明,人类思维具有联想特征,经常从一个概念或主题转移到另一个相关概念或主题。超媒体是按人脑联想思维方式非线性组织管理的一种先进技术,它按照人脑联想思维方式,将图、文、声、像等不同媒体信息整合,将讲解、演示、测验等不同教学内容整合,将预备知识、当前知识与扩展知识整合,构成了一个丰富而生动的超媒体学习环境。这和人类思维的联想特征相吻合,从而实现对教学信息最有效的组织与管理,使学习者自由联想能力得到发挥,促进创造能力的培养。同时,教学信息的非线性使学习者可以根据自己的实际情况通过联想自由选择不同的路径,进入不同的链接点,从一个主题跳转到另一个主题,即从一个链接点跳转到另一个链接点,灵活地浏览各节点的内容(包括文本、声音、图形、图像、动画等),为自主学习奠定了基础。多媒体技术的交互功能提供了图、文、声、像的多重感官综合刺激,使学习者可以依据自己原有的认知结构、认知水平和兴趣,自由选择、自主控制学习内容及其呈现方式。

(二)虚拟现实技术与情境学习

虚拟现实是计算机与用户之间的一种更为理想化的人机界面,人可与计算

机生成的虚拟现实环境进行交互，与传统计算机相比，虚拟现实系统具有三个重要特征：临境性、交互性、想象性。在现代教育技术环境中，虚拟现实技术应用图形、声音和图像再造等方式，构建出逼真的课堂教学情境，让学生置身其中，以求获得最佳的教学效果。人与计算机生成的虚拟现实环境的交互，在虚拟现实技术"构建"的交互性课堂中，教师和学生可以是真实的或虚拟的，学习者可以是一个或多个，教学模式可以多样化以及教学方法的可选择性使教学进度可由多方控制。在教学过程中，学习者和教师同是教学的设计者和控制者。这种教学方式克服了传统班级授课限制学生主动性和独立性的缺点，确保了师生双方的作用得到充分发挥。虚拟现实技术创造和展示各种趋于现实的学习情境，把抽象的学习与现实生活融合在一起，有效地激发了学生的思维，使学生以丰富的想象力实现知识意义上的建构。

（三）多媒体通信网络技术与合作学习

计算机通信网络与多媒体技术融合而成的多媒体计算机通信网络是计算机网络和多媒体技术发展的必然趋势，它兼容计算机的交互性、多媒体的复合性、通信的分布性及电视的真实性等优点。在网络学习环境中，学习者既可实现信息资源共享，也可实现利用网络介质进行信息交流，打破了地域和时间上的限制，学习者自主地选择学习内容、学习方法、学习时间、学习地点、学习条件，改变了被动的、被支配的、受监控的地位。网络资源共享极大地丰富了学习者获取学习信息的资源，帮助了不同层面的学习者获取平等受教育和平等竞争的权利，为面向民众的全面素质教育的实施和语言文化交流的国际化奠定了基础。网络教学中的协作学习、小组讨论、在线交流等学习策略使师生之间、生生之间通过交流信息实现情感互动。换言之，网络中的"协作学习"对高级认知能力的发展、合作精神的培养和良好人际关系的形成等具有明显的支持作用。

三、大学英语信息化教学模式的构建

基于以上分析,信息化教学的某些特征为建构主义学习理论提供了技术层面上的支持,其学习环境与建构主义学习理论所主张的学习环境相一致,体现了学习的自主性、情境性和社会性。因此,用建构主义指导信息化教学不仅必要,而且可行。大学英语信息化教学模式可按教学目标分析、情境真实创设、自主学习、协作学习、意义建构五个关键环节进行教学设计。

(一)教学目标分析

本环节主要负责分析教学目标、确定学习内容、提出本课或本单元要达到的教学目标,以确定当前所学知识的主题,并以此组织教学。大学英语是一门语言实践课,从语言发展的内在规律来看,听、说、读、写、译五项语言基本技能是紧密相连的。听、读过程是学习者自外而内获取语言知识的过程,即输入过程;而说、写、译则是学习者将所学知识自内而外的再现过程,即输出过程。因此,学习者要根据自己的实际情况构思完成教学目标的方法与手段,通过学习操作实践去实现教学目标。教师提出的教学目标的难度应以大多数学习者能通过为宜,并应具有层次性,以适应不同程度的学习者。教师通常还应指导学习者将一些大的任务分解为几个小目标,以便学习者分步进行学习研究。

(二)真实情境创设

建构主义认为,学习总是与一定的社会文化背景,即"情境"相联系,在实际情境下进行学习,可以使学习者利用自己原有认知结构中的有关经验去同化和索引当前学习到的新知识，从而赋予新知识以某种意义。如果原有经验不能同化新知识，则要引起"顺应"过程，即对原有认知结构进行改造与重组。总之，要通过"同化"与"顺应"来达到对新知识意义的建构。学习个体不同，认知特点也会不同。教师要帮助学习者分析自身的知觉、记忆、思维以及动机、经验、情感等因素，找到学习内容与自身认知结构的结合点，用最符合学习者认知心理的外部刺激去促进他们对新知识的"同化"和"顺应"，完成知识意义的建构，并把其智力引向更高的水平。目前，我国已拥有卫星网、DDN专网、IP宽带网和有线电视网等天地合一、多网集成的信息传输运行平台，可通过实时模拟、双向答疑、视/音频文字一体的多媒体、BBS讨论区、教学内容的网上交流等多种途径，实施教学计划指导下的非实时自主学习，以调动学习者的所有感官和过去的经验去探索与解决问题，使其对知识掌握得更加透彻、更加形象，有效地促进其朝着个性化学习、自主式学习方向发展，使其在因材施教、个性化发展的过程中完成提高语言水平的实践，因此，创设从不同层面、不同角度表征知识的多样化情境，可为学习者的探索提供多条路径，使其可随机进入任意学习情境，实现知识的正迁移。

（三）自主学习

当代英语学习理论强调，学习者在学习过程中起决定性作用，在网络学习环境下，学习被看成学习者自发地与外界相互作用的产物。学习不是死记硬背，而是一个积极地从所发生的事件中寻求（甚至强加）意义的创造性过程。在这个过程中，学习者要根据自身的水平，寻找适合自己能力的学习起点、学习目标以及学习内容和方法，扩大学习活动的自由空间，解决个体差异的需求问题，使自身的潜能得到最有效的开发。也就是说，教学对象要从客体过渡为主体，语言本身、教材和教法属于客体，是外部因素；学习者是主体，是内部因素。学习者借助多媒体网络教学系统提供的弹性学习环境，随时随地开展学习，并且能够下载或输出所需材料，从而实现网络资源的提供者和获得者进行实时和非实时的交流，使学习者在学习中遇到的问题能得到及时的解答和讨论。例如，学习者可以有针对性地重点学习词汇用法或学习篇章结构和背景知识，或选择反复训练听力和发音。自主学习的方式突破了课堂时间的限制，不仅适合不同水平、不同学习要求和目的的学习者，也体现了个性化的教学原则。

（四）协作学习

由于知识的复杂性和在情境中解决问题的艰巨性，个人根据自己的经验所建构的对外部世界的理解是不同的，且存在着局限性，通过意义建构的共享和协调，才能使理解更加准确、丰富和全面。由此，协作发生在学习过程的始终，对话是协作过程中不可缺少的环节。学习者通过在内容丰富的情境中的对话与合作，通过对各自见解的协商而达到对新知识的构建与共享。可以说，对话是达到意义构建的重要手段之一。在信息化学习环境下，学习者面对面地进行实时在线语言交流或通过多媒体网络进行实时的文字交流的协作学习，使每位网络资源提供者和获取者的思维与智慧被整个网络学习群体所共享，即整个学习群体共同完成对所学知识的意义建构。尽管"理解"属于个人的建构物，无法共享，但可以与他人进行交流，通过交流检验和修正自己的"理解"，使之更符合客观规律。网络资源提供者和获取者之间有着动态的信息交互，学习者既可通过访问网络站点进行在线学习，也可通过文献检索在线资源来选择自己所需的学习内容，以达到获得知识的目的。在学习者与教师的协作过程中，学习者获得教师的帮助，教师获得学习者的信息反馈。在情境中学习时，教师既是组织者也是参与者,他们既可以通过电子会议系统、电子黑板等实现同步协作,也可以通过电子邮箱实现异步协作。协作学习可在两名以上的学习者之间进行,既可在有组织的情况下进行,也可直接面对面或通过网络论坛进行。学习者可在比较分析同一问题的不同观点时提升自己的认识结构,加深对知识的理解,并在对不同观点进行梳理的过程中,提高自身知识意义建构的能力。

(五)意义建构

意义建构是学习过程的最终目标,所需要建构的意义是指知识或学习主题等的意义,即事物的性质、规律以及事物之间的内在联系。在这个环节中,学习者要根据自身在学习过程中,通过各种不同形式获得的各类不同信息形成自己的学习体会或研究成果,并且以文字材料、视听媒体、影音资料、多媒体课件和主页等多种形式将成果具体体现出来,以汇报学习成果并进行总结评价(包括学习者个人的自我评价、学习小组对个人学习的评价及教师对学习者的点评),主要目的是使学习者在一个完整、真实的问题情境中产生学习的需求,并通过学习共同体成员之间的协作学习,通过学习者主动探索、亲身体验,完成对知识的意义建构过程。实践证明,意义建构是使学习者适应真实生活,逐步学会独立认识问题、提出问题和解决问题的一条十分有效的途径,有助于学习者在综合实践中提高自身的综合素质。

科学技术的高速发展,使得信息技术的应用为建构主义学习理论提供了技术层面上的支撑,优化了大学英语教学资源与教学环境、教学过程与教学目标,促进了学生的学习效率和教学效果的提高。这说明信息化教学代表着先进的教学理念和先进的教学手段。

应该说，现代信息技术所构建的英语教学环境具有了情境的信息化、英语学习的全球化和个性化，为大学英语教学模式的改革奠定了坚实的基础，因此，现代教育技术支持的当代建构主义学习理论对于知识建构的意义可诠释为：学习是学习者主动地建构内部心理表征的过程，它不仅包括结构性的知识，而且包括大量的非结构性的经验背景；学习过程既要运用原有的经验建构对新信息的理解，也要建构从记忆系统中提取的旧信息；不同的学习者对事物的理解（建构）不同，协作学习有助于使理解更加丰富和全面;其主要表现为在学习过程中，强调以学习者为中心，同时不忽视教师的指导作用，强调情境和协作等学习环境的设计，强调利用各种资源来支持自主学习，以达到学习的最终目的。

第三节 信息技术下大学英语教学模式创新

一、教学模式的建构

(一)教学模式建构的基本原则

从素质教育观出发,教学的目标就是培养学生的能力和发展学生的个性。教学的本质是教学生"学",学习的本质是学会学习;课堂教学是实施素质教育的主阵地,是师生双向活动沟通得以形成"回路"的主渠道。因此,课堂教学活动的基本任务就是挖掘学生的学习潜能,不仅仅着眼于当前知识的掌握和技能的训练,更要注重学生的能力开发和未来发展。楼房的建造,必须依靠墙体或柱子的支撑;课堂教学流程的构建,也必须依赖有力的"支点"支撑。

1. 理论的科学性与实践的可行性相统一原则

一定要以科学的理论为依据建立教学模式,教学模式不仅要能够体现教学的本质与规律,还要反映出当前社会培养人才的特点,同时还必须以教学实际为出发点,充分结合当前国家教育教学的发展情况进行实践,真正做到理论的科学性与实践的可行性相统一。

2. 主体性原则

要提高课堂教学质量,就要发挥教师的主导作用和学生的主体作用。学生是课堂教学的主体,是活生生的人,他们有感情、有思想,而不是没有生命、没有知觉的留声机、录音机。传统教学立足于教师单方面的输出而忽视输出后学生的反馈作用,传统教学的主要特征可以概括为"三中心论"——以书本知识为中心、以课堂教学为中心、以教师为中心。创新教育要求广大教师树立与新的教学理念相适应的学生观，充分尊重学生在学习过程中的主体地位，采取多种形式的方法和手段促进学生能力的主动发展，从而提高学生的整体素质。

3. 普及与提高相统一原则

建立教学模式就要服务于普及教育，所以应该将重点放在"普及型"教育模式的开发上，尤其要注意多开发一些与农村及边远地区的师资、生源和教学条件相适应的教学模式。在教育的问题上，我国都是先普及后提高。以实验学校为代表的城市学校较适合多开发一些"提高型"的教学模式，使之成为典范；然后，教师水平与教学条件逐渐提高，使"提高型"的教学模式向"普及型"教学模式发展。因此，建立教学模式要从本地、本校的实际情况出发，不仅要考虑普及的需要，也要考虑提高的需要，将普及与提高统一起来。

4. 批判继承、合理借鉴与积极创新相统一原则

科学发展的特殊之处在于历史的继承性。因此，在对教学模式的历史和发展进行研究时得出了这样的结论：新的教学模式的形成也要吸收已经存在的教学模式的可取之处。我国自改革开放以来，与其他国家的交流越来越频繁，国外的教学模式也为我国教学模式的构建提供了有利的借鉴。我们要在吸收借鉴的基础上进行创新，吸收已经成功的经验，吸取别人失败的教训，这样国家间的差距就会缩小；我们要对历史的遗产进行批判性地继承，吸收国外有益的经验，让教学模式能够取得更大程度的创新发展，进而攻克现有教学模式难以解决的问题，并适应教学的需要与时代的发展。创新教学模式有两层含义：一是构建一种之前从未有过的新型教学模式，二是健全和完善已有的教学模式。同

时，创新教学模式还可以是在教学研究的领域加入其他研究领域的新的优秀成果，建立新的教学模式。

（二）教学模式建构的基本方式

1. 演绎法

演绎法就是先做出一个科学理论假设，推演出一种教学模式，接着通过实验的方式对这种假设的优越性进行验证，其出发点是科学理论假设，思维过程是演绎。以演绎法进行教学模式的构建有以下两种方式：一是使相关的基础研究成果直接形成教学模式，二是根据在观察与实验中得到的材料直接进行教学模式的组织与设计。演绎法包括教育行动研究法、教育实验法等。

2. 归纳法

归纳法就是总结归纳之前的教学经验，进而形成新的教学模式，其出发点在于经验。通过归纳法构建的教学模式也有两种：一是加工改造历史上较为优秀的经验，二是对当前优秀教师在教学实践的过程中获得的先进经验加以总结、提高、系统化。因此，归纳法又叫升华法。归纳法包括文献研究法、教育经验总结法、课例研究法、观察法等。

二、多媒体支架式教学模式

（一）理论基础和模式特点

1. 理论基础

维果斯基认为，在个体智力活动中，自身具有的能力可能不足以解决存在的问题，通过教学，个体在教师帮助下能够将能力提升到可以解决问题的程度，这就是最近发展区理论。也就是说，最近发展区可以定义为：个体独立解决问题时的实际发展水平（第一个发展水平）和在教师的帮助下解决问题时的潜在发展水平（第二个发展水平）之间的距离。可见，教学决定了个体的第一个发展水平与第二个发展水平之间的状态，教学可以创造最近发展区。

建构主义认为世界是客观存在的，但是对世界的认识，个人与个人都是不一样的，这是主观的。人根据自身积累的经验进行知识的建构，由于不同的个体积累的经验与对经验的信念存在差异，所以个体在理解外部世界的时候也会存在差异。在建构主义者看来，知识的建构更应该在原有的经验、心理结构和信念的基础上进行，并且将学习的主动性、情境性与社会性作为重点强调，把学习分成初级学习与高级学习，注重自上而下的教学设计及知识结构的网络化，倡导改变教学脱离实际情况的情境性教学。

2.模式特点

多媒体支架式教学模式将多媒体技术与英语课堂教学有机整合，创设语言情境，充分发挥教师的主导作用和学生的主体作用，将学生学习英语的主动性、社会性、情境性和创造性融为一体，促进学生生理、心理与智力的和谐发展，使其兴趣、情感和意志得以激励。多媒体技术使学生能够通过多种感官获取知识，促使学生由形象思维向抽象思维转化，不停地把学生的智力提升到更高水平。

（二）实证研究

对于在大学英语教学中所使用的多媒体支架式教学模式，鲍静实施了实证研究。其中，支架式教学模式的步骤有：搭建支架、进入情境、独立探索、协作学习、效果评价。笔者在这一模式的基础上，将研究对象确立为大学专业英语精读课堂，并将《现代大学英语》第二册中的一节课内容作为研究范例。这一节课的内容主要讲的是一对夫妻对于同一件事的看法存在分歧，进而体现了个人观点差异和不同种族观念的文章主题。

1. 搭建支架

在教学开始之前，教师要为学生提供课上要用到的资料，并且为学生讲解这些资料的用途，让学生自己对材料进行理解，这就是所谓的搭建支架。搭建支架的过程中，教师先要为学生播放动画录像，学生在看完视频之后要说出自己的想法。视频中的大致内容是关于一对男女在思考以及处理相同问题时出现很大的认知差异。举例来说，男人在购物的时候大多是买完需要的就走，但是女人逛街可能会逛一整天，并不一定买什么。教师构建支架的方式为播放视频，一方面可以生动形象地向学生传递课堂主题，另一方面能够让学生对这个主题产生学习的兴趣，教师通过多媒体支架式教学模式能够让课堂变得生动而活跃。

2. 进入情境

这一环节就是教师带领学生进入问题情境之中，布置任务，让学生说出自己的观点。学生看完全部的录像之后，教师向学生提出问题——男女之间的差异与矛盾除视频上所说的几点之外还有哪些？让学生思考并在课堂上展开讨论，接着就这些不同点思考产生的原因。在陈述完原因后，教师通过多媒体图片进行话题总结。教师在总结时采用多媒体支架的形式，比直接告诉学生答案更能让学生主动接受。这一环节完成之后，学生还可以在课下继续阅读，寻找答案。在此，教师已经成功引入了教学主题之一，由此可以引导学生对文章进行理解，让学生了解文章中介绍的其中一个主题，即性别，让想法产生差异。

3. 独立探索

这一步骤指的是学生立足于集体思维成果进行独立思考，并产生自己的想法。

教师在这个环节可以通过多媒体的辅助向学生提出问题，且问题要一步一步地深入，让学生一边回答问题，一边独立挖掘文章更深层次的主题，即种族观念的问题。教师要通过多媒体向学生提出问题，然后学生讨论得出自己的答案、教师解答。这种做法不仅可以让学生对答案记忆更深刻，还能够起到语言的示范作用。把上述问题的所有答案组合起来就会得出新的文章主题。所以，多媒体支架在引导学生独立探索文章主题上起到了重要的辅助作用。

4. 协作学习和效果评价

学生和学生、学生和教师共同协商讨论，共享尝试探索过程中的成就，共同解决问题就是协作学习。而效果评价则指客观性测试、个人的自我评价与集体对个人的学习评价。完成文章的主题讨论之后，教师按照文章的主题又提出了新的问题供学生讨论。在此过程中，学生发掘自身潜力，教师不干涉学生的学习。通过多媒体，学生还可以在观点的把握、理解和探索上更加深入。在展示之后，教师和学生可以共同给出评价。

多媒体支架包括图标、图片、视频等各种方式，学生通过这些方式在掌握概念、理解信息时就更加容易了。多媒体支架式教学引导学生自主形成思考并应用知识，对于较难理解的知识和新信息的挑战，多媒体支架的辅助恰好可以帮助学生更直观有效地理解所学知识点。

三、微课教学模式在大学英语教学中的应用

（一）微课应用在大学英语教学中的优势

1. 不受时间限制，随时随地是课堂

众所周知，课堂教学的传统模式就是上课的时间是规定好的，上课的地点也是固定的，所以大学使用这种教学模式就会对学生完成教学任务、吸收知识与课后的评价产生制约。运用微课正好能缓解这些制约。当前科技快速发展，网络也遍布全球，学生在任何时间和空间都能应用网络，几乎人人都有手机，为学生随时观看微课提供了现实条件。学生可以随时随地完成课前预习、课后复习、背景了解、知识巩固等各种学习内容。学生在通过微课进行学习的过程中也能提升自主学习能力。

2. 短小精悍，针对性强

戴维·彭罗斯在 2008 年率先提出了"微课"一词，并且指出微课是教师为了向学生传递知识点与概念而制作的短视频，每段视频为 1~3 分钟。近年来，我国研究微课的人越来越多，许多专家对微课也进行了定义。胡铁生指出，通过微型教学视频对某个知识点与教学环节设计开发的，能够支持多种学习方式的在线网络视频课程就是微课。从国内外众多学者对微课的定义可以看出，"微"是其核心，微课最重要的一点就是短小精悍。当前社会是信息化社会，众多的信息都需要人们去接收，也有更多的事情等着人们去做，学生在课下不可能花费大量的时间去观看学习视频。而每段微课视频的时间都很短，针对的是一个知识点，并将这个知识点中所有的重点内容都呈现于视频之中，不必花费学生

太多的时间，却更容易让学生清楚明白，使学生在进行课堂学习时拥有更高的学习效率。

3. 模式新颖，有吸引力

微课的兴起是一种新颖教学模式的尝试，对于学生学习来说非常有吸引力，它让单一枯燥的英语学习变得生动灵活、丰富有趣。在微课视频中，不受时间、地点的限制，可以遨游世界，领略各地风采，可以运用图片、声音结合所要讲述的内容，进行有目的的安排，提高学生学习英语的兴趣，吸引学生的同时让学生学会相应的知识。

4. 类型多样，顺应不同教学需求

微课操作起来相当灵活方便，按照教学需要能够开展各种各样的微课形式。胡铁生提出，微课可以根据教学内容性质、教学方法、使用对象和主要功能、最佳传递方式、微视频的主要录制方法等分成几种不同的种类。举例来说，根据教学方法的不同，可以将微课分成讨论类、实验类、探究学习类、问题类、练习类等；根据最佳传递方式的不同，可以将微课分为活动型、解题型、讲授型等几种类型；根据录制方法的不同，可以将微课分为录屏型、摄制型、混合式等几种类型。教师必须在教学需求的基础上设计微课课程，微课虽然短小，却凝结了教师的教学理念和设计思路。

（二）微课在大学英语教学中的应用

如何在大学英语教学中更好地应用这一新的教学模式，是我们正在探索和实践的内容。微课的应用模式包括以下几种：

1. 微课的课前预习应用

学生的课前预习是相当重要的，若是他们没有好好进行课前预习，课堂或许就不能顺利进行，以致达不到预期效果。学生不提前预习就不能大体上了解课文内容，反而要在课堂上花费时间熟悉学习内容，然而课堂上时间是固定的，若是教师在导入主题的时候花费太多时间，那么课程重点与难点的教学就不能在课堂上完成，学生也不可能在课堂上进行参与及互动，只剩下教师一个人在讲台上讲，那么教学模式又回到了传统型教学模式。如果学生在预习时观看微课视频，教师在进行课程导入时就会轻松许多，学生也能够对课文有一个整体的把握，也可以很好地适应教师的授课方式。因此，教师要提前上传微课视频，给学生布置学习任务，学生以个人的形式或者小组合作的形式完成。在备课时，教师可以根据自己的教学设计进行微课的录制，可以将学生思考的问题以及要学生讨论的问题呈现于微课中，这样就可以很好地辅助课堂教学了。

2. 微课的课上授课应用

若是教师一直在课堂上滔滔不绝，缺乏互动，学生会感到乏味无趣，时间一长就会导致听课注意力不集中。所以教师根据教学内容在合适的时候播放微课视频既能节省课上的时间，还可以让学生保持注意力的集中，让课堂的效率更高，学生也会对课程内容产生更深刻的记忆，而且有更多的时间去消化和吸收课堂上传递的知识。当前，一大批高校的英语教师都尝试了使用基于微课的翻转课堂教学模式。学生应教师的要求观看与课堂内容相关的微课视频，教师可以在课堂上通过翻转的形式实施教学。在这种情况下，学生成了课堂的主角，参与学习活动，并且实现了其在课堂中的主体地位。

3.微课的课后巩固应用

一节课结束后，对于当堂课内容做出及时的总结和检测是非常重要的。通过微课的形式让学生在课下及时进行回顾和反思，确保学生真正掌握知识内容，达到事半功倍的效果。

（三）微课在大学英语教学应用中的注意事项

1.目标明确，主题分明

教学目标设定过多，容易使微课变成压缩了的课堂教学，使微课流于形式，失去其真正的意义。因此，在大学英语教学中引入微课教学的教师一定要注意这个问题，教学目标明确是决定微课使用成功与否的关键。

2.把握时间，不宜过长

很多教师没有真正了解什么是微课，往往在进行微课设计时，内容繁杂，时间过长。进行微课教学时应该把握好时间，一般在1~3分钟，最多延长到5分钟。时间过长，会影响学生观看学习的效果。微课兴起后，很多大学英语教师尝试将微课运用到自己的教学中，可是初期很多教师对于微课了解不深，误把微课当成是课堂教学的微缩版，微课录制超过10分钟，甚至到20分钟，时间过长，内容太多，没有达到微课的真正效果。其实，微课教学视频长度以小于10分钟为宜，这样既能将一个知识点讲透，又不会花费学生太长的时间。

3.结合教师教学，给学生启发与思考

虽然"微"是微课的核心内容，但是教师设计制作微课时也要花费不少的时间与精力。每一段微课视频都包含着教师的教学理念，教师也要对其进行整体的设计，还要以任务驱动、问题向导、反馈互动为基本原则，使学生在学完微课之后能够获得知识。微课在应用上较为灵活，教师可以通过微课进行教学辅助，还可以让学生通过微课提高自主学习、思考的能力，好的微课会使学生的生活与学习都得到帮助。

微课的产生并应用于大学英语教学之中，使大学英语教师在完成教学任务方面更加轻松，而且对学生扩展知识面、提高学习兴趣也有一定的帮助。但微课的应用同时对大学英语教师提出了更高的要求，教师在设计制作微课时要全面考虑、反复修改，使微课和课堂教学能够很好地融合。因此教师要充分了解微课的概念和特点，分析大学英语教学亟待解决的问题，利用微课拓展大学英语课程的教学思路和方法。

四、慕课教学模式在大学英语教学中的应用

（一）慕课的应用

1. 教师讲解与慕课播放的有效结合

在慕课背景下的大学英语教学，教师可以将自身的课堂讲解与慕课播放两种方式有效结合起来，即在英语课堂上通过播放录像及视频文件的方式，将学生的学习兴趣充分调动起来。在教学过程中，学生在观看视频时还能加强思考，慢慢进入课堂教学的环境中，从而自发地进行英语学习，这就有利于学生思维能力和学习积极性的提高。

2.应用慕课创新阅读教学模式

教师要灵活运用慕课来进行英语阅读教学模式的创新,以培养学生的思维能力及自主学习能力。教师在具体教学中,可搜集与英语阅读有关的慕课内容,先让学生观看视频,然后以视频当中的英语阅读为例,教授给学生正确的英语阅读方式,以此来提高高校学生的英语成绩。此外,在进行英语教学的过程中,教师在课堂上需要根据班上学生的兴趣爱好、学习特点、学习能力及英语水平等来选择合适的慕课内容,以此展开高效的英语阅读教学,并根据教学标准,对不同层次的阅读进行针对性的问题设定,这样就能达到提升学生英语成绩与水平的目的。

在大学英语教学的过程中,通过英语阅读训练,能够快速增强学生的英语口语交流能力,帮助学生提升英语水平;同时,通过培养学生的口语能力及阅读能力,还能使慕课教学变得实用化。通过采用创新的视觉模式来训练学生的英语感官,通过图画及影像等来激发学生的兴趣,使学生在阅读的过程中具有明确的目的,这样学生就能带着问题进行英语阅读,并对阅读的文章结构有整体的了解和把握,从而更加熟练地掌握英语阅读技巧。

3.应用慕课减轻学生学习压力,提高学习效果

慕课教学主要是通过一定的网络平台来进行教学的,教师与学生之间有足够的时间进行交流沟通,且无须面对面,这在一定程度上减轻了学生的心理压力,从而很好地帮助学生排除了心理障碍。教师在运用慕课进行教学时,要灵活运用情感教学方式,使学生能将自己的学习感受或遇到的问题及时地与教师

进行交流，并逐渐找到适合自己的学习方法，这样学生的自学能力及英语水平才能得到有效提升。

（二）慕课教学的优势

近年来，国内外各大知名高校纷纷投身慕课的课程建设中，慕课与网络教学视频、传统的远程教育以及在线应用或单一学习软件不同，它是一种新型的大规模在线教育课程。慕课教学模式包含课程设置、课堂教学、学生学习进程、师生互动体验等。与传统大学英语教学相比，慕课具备自身优势，不同于以往传统的教学模式，推动了大学英语教学改革，切实提升了学生的英语实际应用能力。

1. 慕课的推广有助于普及教育公平发展

学习者只要通过邮箱注册，不受国籍和地域的限制，即可参加国内外名师课堂的学习，能够共享优质的教育资源，使教育公平、民主的目标得以实现。慕课能使优质教育资源分布不均的问题得到一定程度的缓解，使学习者获得均等的学习机会，共享多种教育资源，包括师生关系、教育内容、教育方式等。

2. 发挥学生学习主体地位，转变教师角色

现代教学模式主要依托教师讲授，教师对教学活动有主导权，给予学生的学习活动有限。而自主性强是慕课的典型特点，学生能够以自己的需求和兴趣等为依据对学习进行自主选择，自主安排学习进程。学习者可以自主学习，如通过在线阅读、对视频反复观看、向教师提问、与同学互动等方式，这种新的学习模式突出了学生在学习中的主体地位，打破了传统的知识灌输式教学模式。在这种教学模式下，教师角色发生如下转变：

（1）由课堂的"主角"转变为"引导者"。传统教学一直秉承"教师中心""教材中心",学生处于被动接受的状态。长此以往,学生学习的主动性、创新性都受到很大的影响。在慕课来袭的大背景下,学生可以更方便地获得质量较高的学习资源,优秀教师的视频也为学生提供了丰富的资源,学生可以在学校学习,也可以在家中学习,在任何时候、任何地点都可以学习。学习方式也因为网络而发生改变,学习者可以轻松看视频,可以徜徉在学科游戏中,可以在讨论吧自由地阐释自己的观点。学生的智商可以在慕课中得到发展,但情商、责任意识等都需要教师的引导,教师通过了解学生、分析学生,进一步引导学生自主发展、自主学习,于是教师的"知识的传授者"职能在信息化过程中逐渐被弱化,分析者、引导者的职能逐渐被强化。教师成为学生成长过程中的引导者,为学生成长提供优质服务。

（2）由学生学习的"监督者"转变为"协助者"。慕课使学习的时间、地点都变得很有弹性,所以教师"监督者"的角色受到冲击。但是教师作为"协助者"的角色还是不可替代的。教师需要指导学生在使用慕课资源的过程中学会自学,慕课未必能呈现出一节课中教学知识的全部,起的只是抛砖引玉或是画龙点睛或是直击病灶的作用。教学是一个很复杂的过程,不能单纯地将网络教学完全替代传统教学,特别是刚开始推行慕课的时期,教师要指导学生在家完成网络在线的慕课学习,将课堂作为师生间深度知识探究、思辨、互动与实践的场所,真正使以教师为中心、以知识灌输为主的教学模式转变为以学生为中心、以能力提升为核心的个性化学习模式。

（3）由"单打独斗"到"团队协作"。慕课资源开发的复杂性使其技术门槛比较高，有时候单靠一名教师难以为之，需要一个教师团队来合作设计。这就需要建立一支以各学科骨干教师为主的慕课研究团队，明确分工开展课程资源设计活动，如有的教师负责在一定框架下确定课程的教学目标，预设学生可能会遇到的疑点、难点问题，突出教学重点难点；有的教师负责搜集图文资料和网络信息，观看网络上同课题的典型课例的教学方法和教学资源，汲取百家之精华融入教学内容中；有的教师负责录制与剪辑视频、插入动画、添加字幕等技术制作工作，保证片头片尾的配乐清楚悦耳、图像清晰稳定、构图合理美观、逻辑思路清晰、语言精练精确，把最精彩的分析讲解过程呈现给学生，满足学生的心理需求；有的教师进行锦上添花式的质疑问难与研讨交流；有的教师负责网上发布、传播与维护；有的教师负责吸纳有信息技术特长的家长或学生的使用体会，收集意见与建议，并反馈给设计团队成员进行处理；有的教师负责审查慕课资源的科学性、知识性、系统性和逻辑性，在反复推敲的基础上修改完善慕课资源。总之，慕课资源中可以融入思维导图、视频、图片等多种元素，以使其中每句话、每个字、每个画面之间都体现出一定的逻辑联系和知识概念架构，但这个构建过程需要一个配合默契的团队来完成。

3.能调动学生更深层次的学习兴趣

慕课将优质教学资源进行整合，除拥有一批有共同兴趣的学习者，可以自行调节学习速度以外，还可以使整个学习过程告别单一的师生关系，使学生不再感到枯燥乏味。互动在视频播放、社区讨论以及课后作业等各个环节均有体现，学生学习的兴趣被充分调动起来。

4. 真正做到"因材施教"的个性化教学

慕课教学模式在提供学习平台的同时将大量数据搜集起来，并引入现代技术对学生的学习规律进行深入分析，从而为后续的教学活动提供强大的数据支持，而不再仅仅依靠经验行事。学生在学习过程中的各种细节均能在数据中反映出来，而且还能对学生的学习轨迹进行跟踪、监控和记录，包括学生的学习难点、学习时间、重复访问记录、学习方式及最佳学习时段等，并通过对这些数据进行分析，提出合理建议，做到因材施教，使差异化、个性化教学的难题迎刃而解。

5. 优质的教学资源极大地丰富了大学英语教学

慕课的发展给我们提供了一种能大大缓解教育资源分配不均、课程内容陈旧、教学方式落后以及学生创新、创造力不足等问题的手段与途径。慕课课程整合众多网络工具和数字化资源，形成人性化、多元化的学习工具和丰富的课程资源开拓教和学的渠道，更新教和学的方式，内容实时更新，增强了英语教学的开放性和灵活性，营造出一个接近以英语为母语国家的英语学习氛围，学习者沉浸其中，英语水平便会突飞猛进。慕课中的微课程内容丰富，题材多样，语言地道鲜活，有关科技、文化、社会生活、历史地理、人与自然等方面的材料丰富，突出了英语的丰富性和人文色彩，慕课中使用真实的英语母语内容使教学更加贴近学生、贴近社会生活，更地道实用，大大激发了学生的积极性。慕课可以培养学生学习英语的兴趣，提高其英语的实际应用技能，培养其运用英语的成就感，进一步激发其学习欲望，改变其学习状态。慕课突破传统课程在时间、空间上的限制，依托互联网，使学习者在家即可学到国内外著名高校的纯英语课程。大学英语教学要建立系统、开放、动态、立体的课程体系，融必修与选修于一体，使网络与课堂互补，目标就是把大学英语课程建成大学生真心喜欢、终身受益的优质课程，以更好地满足大学生接受高质量多样化大学英语教学的需求，更加适应国家经济发展对人才培养的要求。

第四节　信息化大学英语教学平台的创建

一、信息化大学英语教学平台

信息化是以现代通信、网络数据库技术为基础,将所研究对象各要素汇总至数据库,与特定人群的生活、工作、学习、辅助决策等和人类息息相关的各种行为相结合的一种技术,使用该技术后,可以极大地提高各种行为的效率,为推动人类社会进步提供极大的技术支持。教学平台是指为开展教学实践使用的一系列软硬件设施的统称,其中包括提供开展教学实践的场所,传统的有教室、操场,新型的有网络、电视等,还包括设立的课程、教材资源、教学设备等。因此,信息化大学英语教学平台就是以现代通信、网络、数据库技术为基础进行大学英语教学实践的场所。本节具体对 E-Learning(数字学习、电子学习)教学平台与基于虚拟仿真技术的虚拟教室进行论述。

二、E-Learning教学平台

(一)E-Learning教学平台的概念及体系结构

1. E-Learning 教学平台的概念

E-Learning 教学平台是基于互联网实现网络教学的必要条件,它是建立在网络基础设施之上的、用计算机网络编程实现的学习环境,其后台是系统程序和被程序组织起来的数据库,前台是网页界面。从技术角度上讲,E-Learning 教学平台是一个基于数据库的信息管理、发布系统,以提供教学服务为原则,其用户通常分为讲授者、学习者和管理员,其学习管理系统主要是存放的以课程为单位的课件、试题库以及教学多媒体资源。E-Learning教学平台把文字、图形、影像、声音及其他多媒体教学软件的先进技术有机地融合在一起,利用网络讲座、电子邮件、网络论坛等信息技术进行教学,使知识信息的传递方式和空间都有了极大的拓展。

2. E-Learning教学平台的体系结构

E-Learning教学平台的系统架构一般包括学习管理系统、虚拟教室工具、套装式在线教材、定制化在线教材、在线测验等模块。它包括五个部分:网上课程开发系统、网上教学支持系统、网上教学分析系统、网络教学资源管理系统和相关应用系统互操作接口。其中前四个部分分别完成网络课程开发、网络教学实施、网络教学分析、网络教育资源的管理和维护功能,第五个部分则用来解决网络教育开展过程中涉及的网络教育系统与其他相关应用系统的操作问题。

(二)E-Learning教学平台的特点

1. 知识的可重复性

由于E-Learning教学是网络化的在线学习,不受时间、场地限制,因此学习者可以在任何有学习需要的时候调用学习资源进行预习和复习,充分巩固学习效果,避免了课堂学习容易遗忘的问题。

2. 知识的网络化

学习的知识不再是一本书,也不再是几本参考书,而是有关的专业知识和数据库。在数据库的支持下,知识体系将被重新划分,学习内容将被重新组合,学习与研究方法也将发生新的变化。

3. 学习的自由性

学习的终端是学习者桌前的计算机，学习者学习时不一定非要循规蹈矩地按照一定的顺序进行，他们可以按照自己设定的学习进程随时随地进行学习，并且无论在学习过程中遇到什么问题，都可以凭借网络提供的丰富的知识库或者与教师或其他学习者的非实时交流来获得相应的帮助。

4. 学习的可跟踪性

学习者的所有学习活动都被记录下来，作为评估学习效果和分析学习需求的依据。

5. 学习内容保持及时、持续的更新

所有的知识内容（包括学习教材在内的各种学习资源）可以在第一时间保持更新，同时保证知识的一致性。

（三）E-Learning教学平台的应用

随着网络教育技术和网络教育技术标准的发展，符合网络教育技术标准的E-Learning教学平台也日益丰富，如Web CT、Blackboard、Virtual-U、Moodle、4A网络教学平台、天空教室、Web course in a box等。

1. Web CT

Web CT，即Web Course Tools，是由加拿大英属哥伦比亚大学的莫瑞·高伯（Murray Goldberg）教授编写的一套以网页为本的电子教学平台。从我国校园网和互联网使用的普遍性来看，外语教学可以Web CT为工具，运用PHP、

ASP、VRML等语言格式创建课程主页，可依托校园网站服务器建立单独的站点目录，配置TTS信息发布系统建立网络站点，发布给学生，让学生上网学习。外语课程主页设有课程说明、教学大纲、教学进度表、主题学习任务、讨论、作业、成绩、评语、校历等栏目（环境）。各栏目设置各自的内容。运用Web CT营造课程网上学习环境，可推动学习过程中学生与网络、学生与学生、学生与教师的全面互动与合作，为学生的语言使用、问题探讨开辟交流、合作以及自主学习的平台。Web CT成为学生课内外合作与自主学习的重要工具与导向。

Web CT可以用来存放网络外语教学课件和教学资源，还可以为学生和教师提供交互工具。Web CT提供了一个设计环境来描绘"桌面模式"，在这个通常受限的网络界面，工具是可利用和统一的。这个教学平台具有丰富的素材组织和管理功能、方便快捷的交互功能、完善的作业提交功能和测试评估工具及教学追踪、控制等功能。Web CT数据库还设置有教师的答疑情况、学生的学习情况等详细记录。

2.Moodle

Moodle是比较流行的网络教学平台系统之一。即模块化面向对象的动态学习环境的缩写，是一个用来建设基于互联网的课程和网站的软件包。Moodle是澳大利亚教师马丁·多格玛斯基于建构主义教育理论而开发的网络课程管理系统，是一个免费的开放源代码的软件，在各国已广泛应用。所谓网络课程管理系统，是指为基于网络的课程的教与学提供全面支持的软件系统，这类软件系统也称学习管理系统或虚拟学习环境。Moodle平台依据建构主义的教学思想，即教育者（老师）和学习者（学生）都是平等的主体，在教学活动中，他们相互协作，并根据自己已有的经验共同建构知识。

作为创设虚拟学习环境的软件包，Moodle具有如下特点：

（1）总体设计。Moodle比较容易安装，可以支持多种类别课程，特别重视整个系统的安全性。所有的界面设计风格都一致，而且不需要特殊的浏览技能。

（2）网站管理。网站是由在安装时定义的管理者进行管理的。管理者进入"主题"可以设定适合自己的网站颜色、字体大小、版面等。在网站中还有活动模块和40多种语言包，用以满足不同国家的学习者的需求。

（3）用户管理。每一位用户都可以选择一种语言应用于Moodle的用户界面，可以指定自己的时区和相关的数据。鼓励学习者建立一个在线档案，包括相片、个人描述、电子邮件地址，而且这些信息可以依据用户要求不呈现。

如果学习者有一段时间不参加活动，其注册将自动退出。为了安全起见，教师可以设定课程的登录密码，课程的开设账户仅仅对建立这些课程和教授课程的人公开。学习者可以创建自己的登录账号，而其电子邮件地址将需要验证。

三、基于虚拟仿真技术的虚拟教室

（一）虚拟仿真技术概述

虚拟仿真技术是20世纪末兴起的一门崭新的综合性信息技术，是发展到一定水平上的计算机技术与思维科学相结合的产物。它采用以计算机技术为核心的现代高科技生成逼真的视、听、触等一体化的虚拟环境,用户借助必要的设备以自然的方式与虚拟世界中的物体进行交互,是一种人与虚拟环境进行自然交互的人机界面。它由计算机硬件、计算机软件以及传感设备等组成,这种技术的特点在于计算机产生一种人为虚拟的环境,人可以直接观察、操作、触摸、检测周围环境及事物的内在变化,并能与之发生交互作用,给人一种身临其境的感觉。

(二)虚拟教室的定义与构成

虚拟教室是运用计算机技术、多媒体技术、数字压缩技术、网络通信技术等信息技术,将多学科、多领域融合交叉而形成的产物。它是在计算机网络的基础上利用多媒体技术构建成的教与学的环境,可使身处异地的教师和学生相互听得到、看得见。它是以建构主义理论为基础,利用计算机多媒体技术、网络技术、现代通信技术等构建的数字化网络教育支撑平台。它为教师和学生提供了一个类似传统的教室,同时不受时间、地点限制的网络教学环境。

虚拟教室不同于传统教育中的教室概念,它不仅具备可以进行类似于上述所说的传统教育的环境,而且是一种使学生身处学习对象之中的逼真环境。举例来说,如果学习飞行器驾驶技术,那么虚拟课堂就是飞行器飞行的模拟环境;学习解剖学时,虚拟课堂可以是在虚拟医院。虚拟课堂甚至可以使学习者身临超越现实时空的学习环境,如探索星系时的虚拟课堂是虚拟太空,研究分子原子结构时的虚拟课堂是虚拟微观世界。

虚拟教室系统根据其功能可分为三个组成部分:使用者部件、控制中心以及教学资源库。

（三）虚拟教室在大学英语教学中的应用

1. 将虚拟教室运用于大学英语课堂教学

根据教育改革的方针，当代大学主张"以学生为主、教师为辅"的教学模式。很多科技进入大学英语课堂，如多媒体的运用。如今，教师可以利用虚拟教室，将学生带入模拟的英语学习环境中。在英语教学课堂上，教师可以利用虚拟仿真技术让学生和自己喜欢的伟人、明星等进行面对面的交流和探讨，让学生身临其境地感受英语的魅力。例如，教师在讲授美国人物文章时，可以把该人物的经历编入虚拟环境中，让学生"亲身"感受该人物的特点，从而掌握更多的英语知识。

2. 将虚拟教室应用于大学英语实践教学

在大学英语教学中，仍然有一些大学受到传统教学模式的影响，对英语教学实行传统模式的教学，对学生进行一味的灌输，而忽略了学生对所学知识的掌握情况和实际运用能力；有的大学虽然引进了多媒体的教学方法，但仍然是以室内课堂授课为主，外出实践的机会较少。虚拟教室在大学英语教学中的应用可以大大提高学生的户外实践能力，教师可以虚拟社会环境，如外资企业的应聘现场、企业工作环境、国外商场对话等。这些外部环境大大提高了学生毕业后在职场或生活中的实践能力，让学生身临其境地感受到社会对英语人才的需求，体会英语在社会中的实际运用。

参考文献

[1] 袁敏敏. 信息化背景下大学英语教学模式创新研究——以《英语视听说》为例 [J]. 海外英语, 2023（22）: 156-159.

[2] 常霄, 周婷. 大学英语教学理论与词汇教学融合发展探究——评《信息化背景下高校英语教学创新研究》[J]. 外语电化教学, 2023（5）: 98.

[3] 周瑞雪. 信息化背景下大学英语多元混合式教学模式改革研究 [J]. 成都航空职业技术学院学报, 2023, 39（3）: 17-20.

[4] 周茜. 信息技术时代大学英语教学改革与发展研究——评《信息化背景下的大学英语教学改革》[J]. 人民长江, 2023, 54（8）: 256.

[5] 张洁, 党小苗. "互联网+"信息化背景下高职大学英语教学生态体系构建研究 [J]. 科教导刊, 2023（20）: 64-66.

[6] 刘伊娜. 教育信息化背景下大学英语混合式教学模式构建与实践研究 [J]. 海外英语, 2023（12）: 147-149+156.

[7] 陈煊. 大学英语教学与信息技术的整合发展探究——评《信息化背景下高校英语教学创新研究》[J]. 外语电化教学, 2023（3）: 111.

[8] 姜军. 信息化背景下探索大学英语教学模式改革——评《基于现代教育技术的大学英语教学改革路径探析》[J]. 中国高校科技, 2023（5）: 106.

[9] 宁晓静，刘颖. 信息化时代大学英语教师教学能力发展探析——评《信息化背景下大学英语教学研究与实践》[J]. 科技管理研究，2023，43（10）：250.

[10] 刘颖，宁晓静. 基于信息化的大学英语教师课程思政能力发展探析——评《信息化背景下大学英语教学研究与实践》[J]. 科技管理研究，2023，43（9）：240.

[11] 赵平，高建胜. 信息时代信息技术对英语教育教学的影响——评《信息化背景下大学英语教学研究与实践》[J]. 应用化工，2023，52（4）：1308.

[12] 夏娟. 教育信息化背景下的大学英语应用能力培养探究——评《教育信息化背景下高校大学英语教学改革模式》[J]. 外语电化教学，2023（1）：103.

[13] 孙翠敏. 教育信息化背景下高校大学英语教师信息化教学能力调查现状分析 [J]. 海外英语，2023（1）：152-153+156.

[14] 周用. 基于信息技术发展探索大学英语教学新路径——评《信息化背景下大学英语教学研究》[J]. 中国高校科技，2022（11）：108.

[15] 胡雯. 信息化背景下大学英语教学改革创新 [J]. 佳木斯职业学院学报，2022，38（11）：61-63.

[16] 高维婷. 信息化时代高职院校英语教学模式的创新路径——评《信息化背景下的大学英语教学改革》[J]. 中国科技论文，2022，17（10）：1191.

[17] 张显枝. 信息化时代高校英语教学的优化转向研究——评《信息化背景下大学英语教学的变革与探索》[J]. 中国高校科技，2022（9）：109.

[18] 李婧. 教学信息化背景下大学英语听说课堂教学评价模式研究 [J]. 中国新通信, 2022, 24（16）: 194-196.

[19] 王素雅, 孙用, 赵洁. 融合信息技术创新教学模式——评《信息化背景下的大学英语教学改革》[J]. 山西财经大学学报, 2022, 44（8）: 128.

[20] 魏芳. 信息化时代大学英语教学模式创新路径探索——评《信息化背景下大学英语教学的变革与探索》[J]. 中国科技论文, 2022, 17（7）: 844.

[21] 王朝杰. 大学英语翻译理论与实践研究 [M]. 北京：新华出版社, 2020.

[22] 贾振霞. 大学英语混合式教学中的有效教学行为研究 [D]. 上海：上海外国语大学, 2019.

[23] 王静. 我国高校外语教育信息化政策发展研究 [D]. 上海：上海外国语大学, 2018.

[24] 陈西. 信息化背景下大学英语教师信息素养与教学绩效相关性研究 [D]. 南京：东南大学, 2017.